ONZE JOURS A ROME

SOUVENIRS ET IMPRESSIONS

PAR

MARTIAL SÉRÉ

PRÊTRE DU DIOCÈSE DE PAMIERS

AUTEUR DU *MOIS DE MARIE AUX SANCTUAIRES DE FRANCE*

> *« Omnes isti congregati sunt, vene-*
> *runt tibi : filii tui de longè venient...*
> *« ISAÏE Ch. 60. »*
>
> Tous ces pèlerins, Très-Saint-Père
> vos fils des contrées les plus lointaines,
> sont venus pour vous...

PRIX : 1 FRANC

—

En vente chez l'auteur, à Loubières, près Foix (Ariège).

FOIX

IMPRIMERIE VEUVE POMIÈS

—

1888

ONZE JOURS A ROME

SOUVENIRS ET IMPRESSIONS

PAR

MARTIAL SÉRÉ

PRÊTRE DU DIOCÈSE DE PAMIERS

AUTEUR DU *MOIS DE MARIE AUX SANCTUAIRES DE FRANCE*

« *Omnes isti congregati sunt, venerunt tibi : filii tui de longè venient...*
« Isaïe Ch. 60. »

Tous ces pèlerins, Très-Saint-Père
vos fils des contrées les plus lointaines,
sont venus pour vous...

PRIX : 1 FRANC

En vente chez l'auteur, à Loubières, près Foix (Ariège).

FOIX

IMPRIMERIE VEUVE POMIÈS

1888

A mon cher petit cousin, Jean Poueigh,
élève du Caousou (Toulouse).

Mon cher Jean,

Vous m'avez écrit, à Sainte-Marthe du Vatican, pendant que j'étais à Rome, une charmante petite lettre pour me prier de tout voir afin de tout vous raconter, au retour.

Hélas ! c'est bien difficile. Je n'ai pas tout vu, et il faudrait des années et des volumes pour décrire exactement le peu que j'ai vu. Toutefois, rassurez-vous.

Ces jours derniers, tandis que la neige tombait à gros flocons, je me suis arrêté à ce passage de l'Office : « Le Seigneur nous envoie de la glace en abondance ; qui pourra résister au froid excessif qu'elle nous apporte ? » (1).

C'est bien le cas, me suis-je dit (2), le psalmiste a raison : impossible de sortir : où aller ?

Alors, je me suis rappelé votre recommandation, et, pour y satisfaire en partie, j'ai pris la plume afin d'occuper aussi mes loisirs et utiliser les quelques notes crayonnées, à Rome, au jour le jour, sur le joli carnet que la petite Marie m'avait remis en partant.

(1) *Mittit crystallum suam sicut buccellas ; antè faciem frigoris ejus quis substinebit ? Ps. 147.)*

(2) On dit qu'à Foix, la nuit dernière, le thermomètre marquait 14 degrés au-dessous de zéro.

La neige couvre encore le sol de son blanc manteau ; mais bientôt le vent du Midi chassera le vent du Nord, et la glace se fondra avec les sourires du soleil printanier. (1)

Alors aussi, comme une humble violette enfouie, ma petite brochure, manuscrite, cachée dans mon bureau, s'épanouira modestement, comme l'aimable fleur, au soleil de la publicité. Je puis même ajouter qu'elle verra le jour le Samedi-Saint aux premières volées de cloches chantant l'*Alleluia* pascal.

Alleluia !

Je vous l'offre et vous la dédie, à vous et à votre chère sœur, espérant qu'elle fera naître en vous le désir d'aller voir un jour ce que je raconte. (2)

Je prie votre papa de vous féliciter de cette dédicace, si bien méritée par vos succès, et votre maman de vous appliquer fortement, à l'un et à l'autre, deux gros et tendres baisers sur les deux joues.

Votre affectueux et dévoué cousin,

M. S.

Loubières, près Foix (Ariège), 1er mars 1888.

P. S. — A tout âge, au vôtre surtout, dit-on, on aime la variété. Vous en trouverez, je pense, dans mon travail polyglote ; car il y a un peu de français, un peu de patois, un peu de latin, un peu d'italien, un peu de tout.

Lorsque vous viendrez à Varilhes et à Loubières, dans mon vieux château, pendant les vacances, vous m'en ferez la critique.

---

(1) *Emittet verbum suum, et liquefaciet ea ; flabit spiritus ejus, et fluent aquæ.* (Ps. 147.)

(2) C'est aussi à la condition que vous prierez un peu chaque jour pour N. S. P. le Pape Léon XIII et pour son serviteur, — surtout Marie, le jour de sa première communion, qui approche.

INTRODUCTION

Depuis longtemps je nourrissais et caressais au fond de mon cœur le désir et l'espoir d'aller un jour à Rome. Ce jour, ô bonheur ! est arrivé à l'improviste, et c'est la divine Providence, de qui vient tout don parfait (1), qui nous l'a tout gracieusement réservé, presque comme une vision anticipée des cieux.

Léon XIII vient de célébrer ses Noces d'or. Cet événement a profondément remué le monde catholique et a retenti dans le cœur de tous ses enfants. Il y a eu un ébranlement universel et chacun, grand ou petit, riche ou pauvre, a voulu donner, à qui mieux mieux, au Père commun des fidèles le témoignage de sa pitié filiale. L'élan a été donné et tous sont venus, de près ou de loin, les uns par la pensée et par le désir,

(1) *Omne donum perfectum desursum est.* (Jacob. I. 17.)

les autres effectivement, offrir au Pape-Roi l'hommage de l'admiration, de l'amour et de la reconnaissance.

Tous ont vu l'Étoile du Vatican toute rayonnante de gloire, et ils se sont levés... *Surge, illuminare, Jerusalem ; quia venit lumen tuum, et gloria Domini super te orta est. Quia ecce tenebræ operient terram, et caligo populos ; super te autem aurietur Dominus, et gloria ejus in te videbitur. Et ambulabunt gentes in lumine tuo, et reges in splendore ortus tui. Leva in circuitu oculos tuos, et vide : omnes isti congregati sunt, venerunt tibi : filii tui de longe venient et filiæ tuæ de latere surgent. Tunc videbis, et afflues ; et mirabitur, et dilatabitur cor tuum quando conversa fuerit ad te multitudo maris, fortitudo gentium venerit tibi. Inundatio camelorum operiet te, dromedarii Madian et Ephia : omnes de Saba venient, aurum et thus deferentes, et laudem Domino annuntian tes.* (Isaïe, ch. 60.)

Nous le demandons au lecteur, cette gloire future du divin Sauveur qu'entrevoyait le prophète, ravi, dans le lointain des âges, n'est-elle pas, en ce moment, celle de son digne vicaire sur la terre ? Ces paroles sacrées, ces paroles inspirées ne peuvent-elles pas TOUTES s'appliquer, aujourd'hui, à Léon XIII ? Voilà pourquoi nous avons inséré le passage en entier.

C'est donc pour obéir à cet élan, aussi bien qu'à un besoin de notre cœur, que nous sommes allé à Rome, — pour voir Pierre — car les chrétiens ne vont à Rome que pour cela ; -- à Rome, d'ailleurs si belle, si intéressante, si grandiose dans ses souvenirs, dans ses monuments, dans ses destinées providentielles !

« Quel voyage, nos bien-aimés diocésains ! s'écrie Mgr l'archevêque d'Auch en annonçant un grand pèlerinage à Rome sous l'étendard de N.-D. de Lourdes pour la première quinzaine d'avril. « Nous allons
« à Rome saluer tous les souvenirs de l'humanité ; à
« Rome qu'ont célébrée les prophètes, les sybilles, les
« poètes et les philosophes ; à Rome qu'on a nommée :
« la ville des Villes (1), le temple de toutes les vertus (2),
« la lumière de l'univers (3), le flambeau des nations (4),
« la ville céleste (5), la déesse de la terre et des peu-
« ples (6).

« Nous allons voir Pierre : *Videre Petrum* (7), qui
« est la transformation spirituelle de toutes ces gran-
« deurs du passé, le plus haut représentant de l'au-
« torité et du bien à toutes les époques, et l'espérance
« de l'avenir.

« Nous allons y voir Pierre dans un de ses succes-
« seurs les plus éminents, dans notre bien-aimé
« Léon XIII, le pacificateur de notre temps. » (*Journal de Lourdes*, 26 février 1888.)

Les fêtes de Noël et du premier de l'an étant passées, je me suis empressé de répondre à l'appel de Mgr l'Evê-

---

(1) *Urbs urbium* (Palemon).
(2) *Ornium virtutum lar.* (Ammien).
(3) *Lux mundi.* (Cicéron.)
(4) *Lumen gentium.* (Cicéron.)
(5) *Uranopolis.* (Athénée.)
(6) *Terrarum Dea gentiumque Roma.*
(7) Aux Galates, 1, 18.

que de Carcassonne qui organisait un pèlerinage à Rome dont le programme, admirablement conçu, nous permettait de rentrer avant le Carême.

Arrivant à Rome le 1er février au soir et en repartant le 13, nous y sommes resté *onze jours* (1).

Après avoir répondu aux lettres que j'ai trouvées sur la table en rentrant, malgré les labeurs du saint ministère en ce saint temps et malgré la préparation des enfants à la première communion et à la confirmation, — à la faveur du mauvais temps qui se continue, — j'emploie une partie de mes soirées, encore longues, à essayer d'écrire mes *Souvenirs et impressions*.

Un plat servi tout chaud est bien meilleur qu'un plat refroidi.

Que dis-je ? Peut-on oublier de tels souvenirs, et serai-je téméraire en empruntant au psalmiste cette protestation solennelle : *Si oblitus fuero tui Jerusalem, oblivioni detur dextera mea. Adhœreat lingua mea faucibus meis, si non meminero tui : Si non proposuero Jerusalem in principio lætitiæ*

(1) Avant mon départ, on m'a adressé cette aimable pièce de vers en langue romane dans le *Moniteur de l'Ariège :*

« T'en bos ana fè dounc un grand bouyatgé
« Coumon aousel, leng de toun sol natal.
« Et yeou, pénat, soulet dins lé bilatgé
« Les plours ays els gaytarè toun oustal !

« Moun Diou dirè : quel marché ou quel soumeillé
« Préserbat-lé dé tout mal et souci.
« Fasets, moun Diou, qu'un angé sur el beillé
« A l'estrangè, coumo quand èro aci.

« En abourdan sur la terro flourido,
« Tournoté bers tas mountagnos dé néou.
« Escouto ! Enten uno boux qué té crido,
« Dins toun pays, amic, tourno t'en léou. »

meæ (1). Que ma droite se sèche, que ma langue s'attache à mon palais, si jamais je t'oublie, si jamais tu cesses d'être l'objet de mon bonheur, ô Rome !

Certes, les ouvrages sur Rome — et des plus beaux, — les *Guides* — de bons guides — ne manquent pas. Il y en a à profusion. Ne nous en plaignons pas. Chacun a son intérêt propre, son utilité particulière.

Mon petit mémoire n'a qu'un but, celui d'exprimer mon bonheur et d'inspirer à d'autres le désir de se le procurer au plus tôt à eux-mêmes.

Qu'on me pardonne les imperfections et négligences de style. J'écris très à la hàte. *Lingua mea calamus scribæ, velociter scribentis.*

(1) Ps. 136, 5, 6.

Le Départ.

Le petit bulletin de pèlerinage, distribué à l'évêché de Carcassonne, contenait entre autres précieux renseignements, l'itinéraire, déjà donné dans un *avis particulier* envoyé directement à chaque pèlerin.

Avis important. — Les pèlerins sont priés, en arrivant à Vintimille, de régler leurs montres sur l'horloge de la gare, afin d'avoir l'heure italienne qui avance de 47 minutes sur l'heure française.

ALLER.

Le 29 janvier 1888.

Départ de Carcassonne, à 6 h. 23 soir.

Arrivée à Cette, à 10 h. 13 soir.

Départ de Cette, à 10 40 soir.

Le 30 janvier.

Arrivée à Tarascon, à 1 h. 16 matin.

Départ de Tarascon, à 1 h. 50 matin.

Arrivée à Marseille, à 4 h. 23 matin.

Départ de Marseille, à 7 h. 20 matin.

Arrivée à Vintimille, à 5 h. 24 soir.

1ʳᵉ et 2ᵉ classes.

(Heure italienne).

Départ de Vintimille à 7 h. 35 soir.

Arrivée à Gènes, à 11 h. 41 soir. (*Coucher*).

3ᵉ classe.

Coucher à Vintimille.

(Heure italienne).

Départ de Vintimille, à 3 h. 30 matin.

Arrivée à Gênes à 9 h. 30 matin.

Le 31 janvier.

Départ de Gênes pour toutes les classes, à
2 h. 40 soir.

Arrivée à Pise, à 9 h. 56 du soir. (*Coucher*).

Le 1ᵉʳ février 1888.

Départ de Pise, à 11 h. 25 matin.

Arrivée à Rome, à 7 h. 45 soir.

Parti de chez moi, le 27 janvier, je pus m'arrêter quelques heures à Toulouse, chez des parents, chez le cher élève du Caousou à qui je dédie mon mémoire et chez lequel j'ai reçu la plus gracieuse, la plus affectueuse, la plus aimable hospitalité (1).

Le 29, je pris le train de 10 h. 30 du matin et j'arrivai à Carcassonne à 1 h. 26 du soir.

Après être passé à l'Evêché pour prendre les cartes, j'assistai aux Vêpres à la Cathédrale, blotti derrière un pilier (2) à côté des enfants des Frères qui m'édifièrent beaucoup par la ferveur avec laquelle ils récitèrent leurs

(1) A Toulouse, j'ai célébré la Sainte Messe à la chapelle dite « *des Gris,* » ancienne propriété de feu Mgr Bélaval, évêque de Pamiers, de bonne mémoire, propriété actuelle de M. Ruffat, chanoine titulaire de Toulouse. Je dois ajouter que c'était à un autel dédié à une vierge toute souriante et que je me suis tout particulièrement recommandé à la bonne Mère.

(2) C'est là que vint me trouver le suisse de la cathédrale pour me prier, au nom de M. Fournier, vicaire général, d'aller me placer aux bancs des fabriciens. Confus de cette gracieuseté, je remerciai le suisse, mais il fallut se rendre à ses instances. Je ne m'en repentis pas, car j'ai trouvé, au banc de la Fabrique, M. Pomiès, imprimeur, un fervent catholique et un compatriote, que je n'avais pas rencontré chez lui quelques instants auparavant.

Je note cette particularité, cet heureux incident de mon voyage comme témoignage de reconnaissance pour une attention qui m'a profondément touché. Merci à Monsieur le Vicaire général.

prières, les mains jointes, et aussi par leur tenue.

Après le chant des Vêpres, Mgr l'Evêque présida les prières de l'itinéraire et donna la bénédiction du Saint-Sacrement. Un prêtre monta en chaire pour recommander les pèlerins aux prières de l'assistance et annoncer que, le lendemain, on dirait une messe pour eux à l'autel de la Vierge.

A 5 heures, souper au buffet de la gare.

En Route.

En route, à toute vapeur, pendant la nuit, le dimanche 29 janvier, à travers les vignobles submergés du Narbonnais et les grands lacs — de véritables mers en miniature — des environs de Cette.

Marseille ! Marseille ! Le jour n'a pas encore lui (4 h. 23 du matin), mais nous l'avons au moyen de la lumière électrique qui resplandit dans cette immense gare.

Le plaisir du départ avait fait oublier le sommeil. On ne sentait pas la fatigue. Néanmoins, une tasse de chocolat ou de café n'était pas à dédaigner..., pour rechauffer l'estomac. On n'oublia pas de passer au buffet.

A 7 h. 20 le départ. L'aspect du pays va bientôt changer.

C'est la douce et chrétienne Provence tour à tour avec ses grandes plaines et ses hautes montagnes, littéralement couvertes d'oliviers, avec quelques ravissantes échappées de vue sur la mer dont les flots tranquilles baisaient le rivage, parfois abrupte, hérissé de rochers, parfois sablonneux et agrémenté de jolies petites nacelles.

Toulon, Fréjus, et puis bientôt après, Cannes, Nice, Monaco ! (1)

Ah ! c'est ici que le voyageur tombe de surprise en surprise, d'admiration en admiration, de stupéfaction en stupéfaction. Sur des rives éternellement contournantes, le train borde toujours la mer... La mer d'un côté avec ses navires, ses barques, ses nacelles, ses phares, ses cabines ; de l'autre, la montagne !... Mais, grand Dieu, quelle montagne ! Quelle variété dans sa structure ! Mais quelle uniformité de verdure, de beauté, de splendeur ! Quelle profusion de palmiers, d'orangers, de citronniers, d'arbustes à feuilles persistantes, de fleurs, d'allées, d'avenues, de décorations, de statues, de villas, de chalets, de châteaux, de palais dont la richesse étonne ! Tout cela sur le bord de la mer, dans un pays où la température est généralement douce ! Un vrai paradis terrestre !

Monaco ! perché sur un rocher qui s'avance vers la mer ! Une vraie féérie d'habitations princières. Un peuple libre et neutre sous la paternelle domination d'un prince !

Vintimille. ! (Vintimiglia). — Frontière italienne. *Uscita !* (2) s'écrient les employés de la gare. Visite des colis par la douane sans incident. Cette ennuyeuse opération terminée, nous remontons en wagon.

Partenzza ! Partenzza ! s'écrient de nouveau à plusieurs reprises les employés, et nous voilà partis. (3)

---

(1) Messieurs les voyageurs feront bien, dans ces parages, de ne jamais se séparer de leurs colis, à moins de les confier à des mains sûres. En rentrant, on a volé sa valise et ses paquets à un de mes confrères de l'Aude. Les grecs abondent du côté de Monte-Carlo.

(2) C'est le mot italien qui correspond au sacramentel : « *Par ici la sortie !* » des employés français.

(3) Avis. — Messieurs les voyageurs qui, avant de monter en wagon, à cette gare, se présentent aux cabinets *(retirata)* doivent mettre 0 fr. 25 centimes dans leur poche. On ne manquera pas de les leur demander. Partout ailleurs c'est gratis !...

Gênes. (Genova). — Gênes la superbe ! Grande et magnifique ville de 180,000 habitants. — Port de mer. — Rues propres, bien dallées. — Nous avons visité la cathédrale San Laurenzo avec une superbe entrée, très riche et très belle à l'intérieur, remplie de souvenirs et possédant des trésors dont la municipalité a la clef et à laquelle il faut demander l'autorisation pour les voir. Ces trésors, que j'ai vus, sont : 1° une relique de la vraie croix, renfermée dans une grande croix fort ancienne, toute constellée de perles et de diamants ; 2° un ostensoir sous forme de châsse en argent ciselé qui a plus d'un mètre de long ; 3° le plat dont s'est servi N. S. J. C. à la dernière Cène. — Puis, nous avons visité le tombeau de sainte Catherine de Gênes et le Campo Santo ou cimetière. Le Campo Santo est merveilleusement beau. Il faudrait des volumes pour le décrire. Un vaste péristyle en marbre l'entoure. Sous ce péristyle, s'élèvent les innombrables monuments funèbres en marbre dont la variété est infinie. Les personnages, les sujets, les groupes de grandeur naturelle sont sculptés avec une finesse, une perfection inouïe. On resterait là des journées entières en contemplation. Malheureusement, il faut tout voir à la hâte ; mais, en partant, on ne peut pas s'empêcher de reconnaître que l'Italie est un pays d'artistes.

Pise ! (Pisa). — Tous les principaux monuments de cette ville sont réunis sur une même place. Le Dôme, ou cathédrale, est très vaste et surtout fort belle, avec ses colonnes de marbre, ses statues, ses tableaux ses tombeaux et les dorures de la voûte. Les portes, en bronze, sont remarquables. La fameuse tour penchée au Campanile, qui s'élève à côté de la cathédrale, est une vraie curiosité. Mais ce qu'il y a de plus curieux, à n'en pas douter, c'est le Baptistère, une rotonde en marbre, admirablement sculptée à l'extérieur et ayant, à l'intérieur, d'énormes colonnes en marbre tout d'une pièce. Criez... un phénomène étrange se produit à l'instant : un écho harmonieux, merveilleusement sonore et prolongé, répète votre cri sous forme de gamme. C'est d'autant plus merveilleux qu'on a fortuitement obtenu ce résultat, sans le vouloir et sans le savoir. De là, je suis passé avec mon excellent guide au Campo-Santo, un véritable musée d'antiquité et de fresques. Parmi ces dernières, nous avons remarqué le *Triomphe de la mort*, qui est attribué à Orcagna. En deux mots, voici le sujet : de grands seigneurs et de grandes dames reviennent de la chasse et des plaisirs avec leur suite, leurs piqueurs, leurs chevaux et leurs chiens. Tout à coup ils se trouvent en présence de trois cercueils ouverts. Le premier renferme un cadavre encore revêtu de ses habits ; le second, un cadavre en décomposition ; le troisième, un squelette. L'artiste a parfaitement dépeint la stupeur des hommes et des bêtes à la vue de ce terrible spectacle... seul, un moine méditant sur les fins dernières, placé un peu au-dessus est tranquille et rassuré.

C'est ce chef-d'œuvre, à la fois bizarre et touchant, qui a sans doute inspiré ces vers à un poète et qui a fait donner à Pise le surnom de « cité de morts ».

> Et dans ces grands tombeaux où leurs âmes hautaines
>> Font encore les vaines,
>> Ils sont mangés des vers.

Notez que l'un de ces cadavres était une tête couronnée et qu'il reste un fragment de couronne sur le crâne (1).

Nous avons aussi remarqué, au Campo-Santo, l'admirable sculpture l'*Inconsolable*, de Bartolini, ainsi que les fresques

---

(1) A cette occasion, avec tout le respect voulu, ne pourrait-on pas rappeler aux grands ce précieux avertissement des Saints Livres :
Et nunc, reges, intelligite, erudimini, qui judicatis terram.

l'Ivresse de Noé, la Tour de Babel et les chefs-d'œuvre de Giotto et de Buffalmaco.

En nous en retournant, nous avons admiré, sur le bord de l'Arno (un fleuve joli, uni comme une glace !) la coquette petite église Santa-Maria-della-Spina, toute en marbre travaillé comme une dentelle.

Et maintenant, en route pour Rome, à travers l'immense plaine de Pise, une plaine marécageuse, mais néanmoins assez bien cultivée. Çà et là des laboureurs avec des charrues à deux manches, attelées à des bœufs blancs, puis encore des troupeaux de bœufs blancs et de bœufs noirs abandonnés à eux-mêmes dans les prairies. De loin en loin aussi, quelques troupeaux de brebis et de chèvres. Dans le lointain, tantôt des montagnes d'oliviers, tantôt des collines arides, puis des plaines sans fin, avec des prairies et quelques rares pieds de vignes grimpant sur les arbres ou attachées à des roseaux sous forme de pyramides.

A *San-Vincenzo*, magnifique point de vue sur la mer et sur la plaine immense.

De *Caprara*, nous apercevons dans le lointain l'île de Corse.

A *Follonica*, un navire se balance sur les flots argentés de la mer.

A *Montepescali*, pays de bruyères, montagnes, chênes, marécages, restes de neige. Pays triste, froid, inculte.

A *Talamone*, la mer reparaît avec ses navires. Puis la montagne recommence avec des chênes verts, de hautes bruyères et broussailles. Puis la plaine marécageuse d'un côté, la mer de l'autre. Par temps, quelques lacs. Il est nuit.

Nous sommes déjà à *Orbetello*, puis à Civita-Vecchia, et puis bientôt à Rome !

A son approche, notre cœur palpite d'émotion ! Enfin nous y voici !

Roma ! Roma ! (1)

Lætatus sum in his quæ dicta sunt mihi : in domum Domini ibimus !

Église Saint-Pierre. — La Coupole. — La Place. — La Colonnade. — Le Vatican. — Le Jardin. — L'Exposition. — Sainte-Marthe.

Tout le monde sait que l'église Saint-Pierre est le plus bel édifice de l'univers (2). C'est du moins ce que l'on dit et répète d'après les auteurs ; mais quiconque ne l'a pas vue pourra-t-il jamais se le figurer, même après l'avoir admirée dans les gravures, si parfaites soient-elles ? Non, mille fois non. Je n'aurai donc pas la prétention de la décrire. C'est impossible. « Nous n'essaierons pas davantage, dit Mgr l'Évêque de Carcassonne dans sa récente *Lettre pastorale à son retour de Rome*, de vous peindre la Rome chrétienne, avec ses riches sanctuaires faits de marbre, d'or et de pierres précieuses, et ses magnifiques basiliques aux coupoles hardies qui abritent, comme un trésor inappréciable, les corps sacrés des martyrs et des saints. C'est à peine si nous vous inviterons à entrer avec nous dans

(1) Les heureux pèlerins qui vont à Rome, cette année, feront bien de ne se mettre en route qu'après s'être assuré un logement dans la ville éternelle. Ils devront, dans ce but, écrire longtemps à l'avance. Les hôtels régorgent d'étrangers.

(2) J'ai eu le bonheur, durant mon séjour à Rome, de dire chaque jour la messe à Saint-Pierre. Si ces lignes tombent entre les mains des divers sacristains et employés de l'insigne basilique, je les prie d'agréer l'expression de ma reconnaissance pour leur gracieux et bienveillant accueil.

Le 2 février, nous avons assisté aux vêpres de la basilique chantées en musique. C'était délicieux.

la basilique vaticane, — *cette merveille du monde et ce monde de merveilles*, comme on l'a dit dans un jeu de mots qui restera, — à apposer un baiser plein de foi sur le pied de bronze de la statue de saint Pierre à demi-usé par les lèvres des pèlerins, et à vous agenouiller, les yeux humides, dans le recueillement de l'âme, devant l'autel de la Confession. Embrassez rapidement du regard avec nous les grandioses et immenses proportions de l'édifice, et vous comprendrez qu'il a été justement appelé le temple *catholique* par excellence. Levez les yeux vers le dôme colossal qui domine toute la cité, en lisant l'inscription : « *Tu es Pierre et sur cette pierre je bâtirai mon église, et* « *les portes de l'enfer ne prévaudront point contre elle,* » vous sentirez, comme nous, le besoin de saluer, avec une noble fierté, cet immortel monument, élevé par la foi comme un chant triomphal, en l'honneur de la papauté souveraine et victorieuse du monde. »

Comme tout est beau, grandiose, gigantesque ! Portiques, colonnes, portes, bénitiers, pavé, statues, bronzes, fresques, dômes, voûtes, tableaux, mosaïques, tombeaux, comme tout est riche, admirable, indescriptible !

La coupole. — Dans la matinée du 10 février, nous sommes montés à la coupole par un escalier ou rampe douce qui ressemble fort à nos chemins de grande communication. Les voitures pourraient facilement le gravir. De chaque côté, nous avons lu le nom des souverains ou des illustres personnages qui y sont passés. Nous y avons aussi remarqué le tombeau de Marie-Clémentine, reine de Bretagne. Parvenus au sommet après bien des haltes, car nous étions essoufflés, éreintés, ruisselants de sueur (1),

(1) On m'a raconté, à Rome, que, la veille, un monsieur, ayant oublié son chapeau dans la boule, ne voulut pas y remonter et préféra aller en acheter un autre en ville.

nous avons mis la tête dans le globe de bronze qui n'a pas moins de 2 mètres 42 de diamètre et qui, d'en bas, ressemble à la boule dont on se sert pour jouer aux quilles. On dit, et nous le croyons sans peine, qu'elle peut contenir seize hommes. En descendant, nous avons pu jeter un coup d'œil rapide sur le vaste panorama de Rome et de ses environs. C'était ravissant !...

. *La place et la colonnade.* — Avant de descendre le majestueux escalier qui termine le haut de l'esplanade qui aboutit à l'entrée de la basilique vaticane et au pied duquel se trouvent les statues colossales de saint Pierre et de saint Paul, embrassons d'un seul regard : 1° l'immense place Saint-Pierre ; 2° l'obélisque, monolithe d'Hiéropolis, transporté à Rome par Caligula, élevé au centre de la place par Sixte V le 10 septembre 1586, surmonté d'une croix contenant une relique de la vraie croix, et au pied duquel on lit cette double inscription :

ECCE CRVX DOMINI

FVGITE

PARTES ADVERSÆ.

VICIT LEO

DE TRIBV JVDA.

———

CHRISTVS VINCIT

CHRISTVS REGNAT

CHRISTVS IMPERAT

CHRISTVS AB OMNI MALO

PLEBEM SVAM

DEFENDAT.

3° Les deux fontaines qui lancent leurs eaux impétueuses à une grande hauteur et les laissent retomber en gerbes magnifiques dans les bassins superposés ;

4° La colonnade ! Quatre rangées de colonnes colossales,

surmontées de statues en marbre faisant suite à celles qui se trouvent sur la façade de l'église Saint-Pierre, entourent la place de ce nom. O merveille des merveilles ! Ne dirait-on pas que l'Eglise-Mère dilate ses entrailles pour attirer à elle tous ses enfants, embrasser tous les peuples et les grouper tous dans le même bercail ! Ne dirait-on pas que l'Eglise élargit ses pavillons et ses portiques, ses tentes et ses tabernacles, ainsi que l'avait annoncé le prophète Isaïe ? *Dilata locum tentorii tui, et pelles tabernaculorum tuorum extende, ne parcas : longos fac funiculos tuos... Ad dexteram enim et ad lœvam penetrabis : et semen tuum gentes hœreditabit, et civitates desertas inhabitabit.*

Le Vatican. — Le Vatican, qui n'est pas précisément beau à l'extérieur, est un monde qu'il faut renoncer à décrire. Nous avons traversé des corridors, des galeries, monté des escaliers infinis, franchi des cours, des salles. Partout des objets d'art, des statues, des peintures, des chefs-d'œuvre, des curiosités, des richesses, des splendeurs... que tous les papes y ont entassés.

Arrêtons-nous cependant à la chapelle Sixtine, sur les murs de laquelle sont reproduites les principales scènes de l'Ancien et du Nouveau testament ; à la voûte, planent les prophètes et les patriarches de l'ancienne loi ; au fond, au-dessus de l'autel, c'est la fresque du jugement dernier, œuvre de Michel-Ange, qui occupe toute la façade et au sujet de laquelle on raconte le fait suivant :

Blaize de Césène, maître des cérémonies du sacré palais, sous le pape Paul III, se plaignit au Souverain-Pontife de ce que le tableau contenait quelques nudités. L'artiste en fut informé, et, pour s'en venger il corrigea le tableau en y représentant le maître des cérémonies. Ce dernier s'en plaignit au Pape et demanda de faire effacer son portrait. « Où donc est-tu placé ? » dit Paul III. — « Dans l'enfer,

Très-Saint-Père, » répond Blaize de Césène. — « Si Michel-Ange, reprend le Pontife, t'avait mis en purgatoire, je pourrais t'en retirer, mais dans l'enfer, il n'y a point de rédemption ! *In inferno nulla est redemptio !* »

Le jardin. — Le samedi 4 février, je suis allé, seul, réciter l'office au jardin du Vatican, que j'ai parcouru d'un bout à l'autre, en suivant la principale allée qui va en montant et qui est large comme nos routes nationales, bordée de très hautes haies de buis, taillées au cordeau. Le jardin était exceptionnellement ouvert, à cause sans doute de la société de Saint-Vincent-de-Paul qui venait d'être reçue à l'audience — dont j'étais — et à laquelle Sa Sainteté daignait faire cette gracieuseté. J'ai remarqué dans ce vaste domaine, un peu au-dessus de l'orangerie, la petite grotte de Lourdes, où brûle constamment une lampe. J'ai visité la vieille tour habitée par la gendarmerie pontificale. J'ai vu la vigne plantée par Léon XIII, le troupeau de 22 chèvres qu'on lui a offertes, l'énorme quantité de merles et d'oiseaux qui se cachent parmi les arbres, et j'ai admiré les statues, les cascades, les jets d'eau, les bassins, les monuments, etc., etc.

Parmi ces monuments, j'ai distingué une magnifique fontaine composée de six jets d'eau retombant avec fracas dans des bassins couverts de mousse et de verdure et gardés par d'énormes louves qui vomissent aussi de l'eau en abondance.

On y lit cette inscription :

PAVLVS PONTIFEX MAXIMVS

AD AVGENDVM PALATII PROSPECTVS

ET HORTORVM DECOREM

FIERI JUSSIT PONT. ANNO IV. (1)

(1) En descendant les allées du jardin papal, deux jardiniers sont venus à ma rencontre et m'ont offert, comme souvenir à emporter en France, l'un une

L'exposition. — Je l'ai visitée deux jours de suite, le 3 et le 4 février. Mais je vais laisser parler un illustre témoin.

Après avoir fait une juste et délicieuse application du passage d'Isaïe que nous citons au début de notre mémoire : « *Omnes de Saba venient, aurum et thus deferentes, et laudem Domino annuntiantes.* Tous viendront de Saba, portant dans leurs mains l'or et l'encens, et publiant la louange de Dieu, » développant cette idée, Mgr Rougerie, évêque de Pamiers, s'exprime ainsi dans sa récente *Lettre pastorale* du carême : « Si vous êtes familiers, nos chers auditeurs, dit le Pontife, avec ces grandes expositions dont Paris, Toulouse et plusieurs villes de France ont donné le spectacle, si sans les avoir visitées vous avez pris plaisir à vous instruire de leurs merveilles, vous pouvez tenter de vous faire une idée de l'immense exposition vaticane. Excluez de son sein les puissants moteurs de l'industrie, les machines qui travaillent sous l'œil de l'homme presque sans le secours de sa main ; ces objets n'ont pas ici leur place, parce qu'il ne s'agit pas de montrer les serviteurs de l'homme, mais bien la richesse de ses dons ; par contre, multipliez par la pensée les objets d'art, l'or et les pierreries, tout ce qui peut entrer dans l'aménagement et dans l'ornementation d'un édifice sacré, tout ce qui, sous une main industrieuse, a pu devenir un symbole de foi, d'amour ou de louange délicate, tout ce qui a pu paraître de quelque utilité à la personne ou aux pieux desseins de Léon XIII, tout est là. Voyez-le par l'esprit, et vous aurez une idée de l'exposition vaticane, des dons offerts au Saint-Père. Elle est complète, cette exposition, elle est surabondante en tout ce qui répond à la pensée qui

orange et l'autre un bouquet. Je les conserverai précieusement. Merci à ces braves gens.

l'a inspirée et au but qu'elle poursuit. Qui dira la quantité et la variété de la lingerie d'église, l'éclat et la richesse des tapis précieux, des vêtements, des ornements sacerdotaux, des livres liturgiques, des vases sacrés de toutes dimensions et de toutes formes ; les multiples et ingénieuses chapelles portatives, destinées aux missionnaires ; les tableaux, les statues, les riches autels ; les modestes présents des pauvres sauvages de l'Océanie ou de l'intérieur des continents ; les ornements sacrés façonnés par les mains industrieuses des princesses, et les dons somptueux des souverains ?

« Quelle lourde mission, ajoute Monseigneur, que celle de recevoir au Vatican, de classer et d'exposer convenablement les offrandes du peuple catholique ! C'est une tâche au-dessus des moyens d'une administration forcément improvisée. Aussi, comment dépeindre la stupéfaction, l'inextricable embarras des organisateurs de l'exposition, à l'arrivée inopinée des centaines de wagons bondés de toutes sortes d'objets, et à l'annonce de tout ce qui doit arriver encore ? Moyens de transport, locaux, personnel, temps disponible, tout s'est trouvé d'une insuffisance notoire, momentanément irrémédiable. La générosité du monde catholique semble écraser les courageux initiateurs qui l'ont provoquée. Vous avez vu, N. T. C. F., et vous verrez plus longuement encore dans les feuilles publiques les détails de cette belle manifestation ; nous ne pouvons faire la tentative de vous les exposer ; nous nous bornerons à vous dire que, par son universalité et par ses vastes proportions, l'exposition vaticane s'élève à la hauteur des grandes expositions qui l'ont précédée, elle les surpasse toutes en ce que chacun des dons qu'elle offre à Léon XIII représente un acte de foi et de générosité, en même temps qu'un hommage à la plus haute puissance morale qui soit au monde. »

Tel est le tableau sommaire, mais exact, de cette merveilleuse exposition.

Citons quelques-unes de ces richesses, que nous avons notées, en passant, en toute hâte :

Parmi une infinité d'objets curieux, nous avons remarqué une horloge hydraulique transportée au milieu d'un paysage accidenté, traversé par des cours d'eau et égayé par les chantres ailés qui voltigent de part et d'autre ; — la reproduction de l'horloge de Strasbourg, avec tous ses rouages et toutes ses complications astronomiques, faite par Aloïs Lorentz, qui, né en 1858 à Souffelweryerskein, près Strasbourg (Alsace), fils de cultivateurs, n'ayant appris aucun métier, élevé dans une contrée où il n'existait pas de faqrique, a, d'après le certificat du maire de sa commune, réussi à reproduire en trois ans, sans avoir vu les rouages intérieurs de l'horloge, l'œuvre admirable de Schwigné ; (1) — le carillon électrique de M. Ch. Arragon,

(1) Tout le monde s'extasie devant une telle merveille. En voici la description sommaire : En bas, au milieu, se trouve le calendrier indiquant les dates, les mois, les saisons, le lever et le coucher du soleil. Les rouages de gauche donnent le temps moyen, les phases lunaires, la lettre dominicale, l'an de grâce et les années bissextiles. Au-dessus du calendrier circulent les chars représentant les planètes qui ont donné leurs noms aux sept jours de la semaine. Ils sont surmontés d'un petit cadran indiquant les minutes et les heures. Au-dessus de ce cadran, on voit les mouvements du soleil dans les signes du zodiaque. La petite sphère supérieure représente la lune et indique exactement toutes les phases de cet astre ; de chaque côté du petit cadran est assis un ange. Celui de gauche sonne les quarts d'heure avec les quatre âges de l'homme qui se trouvent au-dessous de la lune devant la mort : le premier quart, l'enfant ; le deuxième, le jeune homme ; le troisième, l'âge mûr ; le quatrième, le vieillard. Chaque âge frappe successivement un quart ; au dernier, l'ange de droite renverse le tablier qu'il tient dans ses mains, et la vieillesse, après avoir frappé les quatre coups indiquant le dernier quart d'heure, fait place à la mort qui frappe l'heure avec un tibia. A midi, lorsque la mort a frappé les douze coups, les douze apôtres passent en saluant devant le Christ, qui les bénit, pendant que le coq, imitant la nature, bat des ailes, remue la tête, ouvre le bec, et chante trois fois.

de Lyon, qu'on fait jouer de l'intérieur d'une salle, et qui fait l'admiration de tous les visiteurs, etc., etc. (1).

Maintenant, pénétrons dans la salle splendide où sont exposés les objets donnés par les souverains. Nous y avons admiré : la tiare de Paris, la mitre de l'empereur d'Allemagne, le missel du roi de Saxe, le crucifix de l'empereur d'Autriche, l'anneau du sultan Abduld-Hamid, le bénitier de la reine de Saxe, le presse-papier du duc de Brunswich, la cassette de la République de l'Equateur, le calice du général Gusman, président de Vénézuéla, le médaillon du Sacré-Collège, la croix de l'empereur du Brésil, le calice monumental du roi du Portugal, la croix de la princesse régente du Brésil, le bénitier de l'impératrice du Brésil, l'aiguière de la reine d'Angleterre, la croix et l'anneau de la reine d'Espagne, l'anneau du prince de Joinville, les croix du duc de Nemours, du duc et de la duchesse de Madrid, croix et colliers du duc d'Aumale, de la Vendée, des écrivains catholiques de l'Equateur, de l'évêque de Quito, du prince de Monaco, etc., etc., le tableau du prince de Bavière, l'horloge du comte de Paris, le tableau de François II de Naples, de la reine Isabelle II, etc., calice, croix et patène du clergé et de l'évêque de Potosi (Mexique), la croix avec perles énormes du chapitre de la cathédrale de Popayan (Colombie), livre splendide du prince Orsini, ostensoir tout en pierreries de l'archevêque de Caracas

---

(1) Le carillon électrique est placé dans une cour remplie de cloches offertes au Saint-Père.

D'après le système de M. Arragon, le carillon complet est mis en action a moyen d'un clavier analogue à celui d'un piano.

La cloche du centre pèse 150 kilog. Des ornements d'une délicatesse exquise enguirlandent ses bords, une véritable envolée d'anges aux ailes déployées recouvre sa masse sonore. Au milieu sont gravés les armes du Saint-Père et tout autour court cette inscription :

Servato œs perenne perennem Leonis XIII memoriam. Esto Romæ Lugduni vox. Filiorum in Patrem pietatem recinito.

Cet appareil est le premier sorti des ateliers de M. Arragon.

(Vénézuéla), aubes et broderies de l'impératrice d'Autriche, chasuble de la princesse Amélie de Furtensberg, un Saint-Jean de l'ordre de Malte, carillon du duc de Chartres, chapelle de la princesse Marie-Clémentine de Saxe-Cobourg-Gotha, missel et croix avec perles de la duchesse de Malakoff, encrier de M. Grévy, ornements de l'archiduchesse d'Autriche, chasuble de Hohenzollern, calice de Québec (Canada), missel des ministres de Québec, reliquaire de la compagnie de Jésus, tableau du prince du Dragon, autel de la princesse de Torlonia, ciborium du clergé de Saint-Pierre-de-Rome, chasuble du chapitre de Sainte-Marie-Majeure, un Saint-Michel et une plume des officiers de l'armée pontificale, un Léon XIII sur son siège de la garde palatine, etc., etc.

Impossible de tout voir attentivement...

Tout cela était fort beau sans doute ; mais, comme j'ai eu l'honneur de le dire à un évêque italien (1), que j'ai rencontré dans les salles de l'exposition, ce qu'il y a de plus touchant, et, en somme, de plus précieux parmi tous ces objets, non pas à cause de sa valeur matérielle, mais à cause de sa valeur morale (2) c'est *la plume de Léo Taxil*, devant laquelle je me suis arrêté longuement avec émotion !... (3)

Sainte-Marthe. (Santa Marta). — Sainte-Marthe est un vaste établissement contigu à l'église Saint-Pierre, une hôtellerie fondée par Léon XIII, où les pèlerins qui ne peuvent trouver place dans les hôtels reçoivent une large et charitable hospitalité. Cette maison est dirigée par le

(1) Mgr Eugène Clari, évêque d'Amélia.

(2) ...*probatio vestræ fidei* MULTO PRECIOSIOR AURO *(quod per ignem probatur)...* (Petr. 1. 7).

(3) L'entrée de l'exposition est gratuite ; mais il faut se procurer des cartes d'entrée qu'on délivre, deux fois la semaine, à Sainte-Marthe (Vatican).

docteur Cecarelli, médecin de Sa Sainteté. Le Saint-Père y a établi, pour en faire le service, des religieuses françaises, les... divines sœurs de Saint-Vincent-de-Paul, dont nous avons admiré de près le dévouement infatigable à l'égard des hôtes qu'elles reçoivent. (1) — C'est dans ce saint asile que j'ai rencontré un certain nombre de membres de la Société de Saint-Vincent-de-Paul, (2) qui nous ont aussi beaucoup édifiés. Je pourrais, entre autres, citer un vénérable Monsieur qui se privait souvent de quelque chose pour le donner aux voisins, bien que tous fussent copieusement servis, et qui se faisait un honneur et un plaisir de servir chaque jour plusieurs messes.

Les pèlerins de Carpineto à Sainte-Marthe (3). — La veille de notre départ de Rome, il est arrivé, à Sainte-Marthe, sous la conduite du curé de leur paroisse, 600 pèlerins de Carpineto, compatriotes, par conséquent, de N. S. P. le Pape. Il y avait parmi eux un certain nombre d'enfants.

(1) Ce sont de véritables Marthes. Je me plais, pour ma part, à leur rendre ce témoignage et à leur exprimer toute ma reconnaissance. Je suis parti profondément ému de leur bonté sans bornes,... surtout à l'égard des pauvres qui viennent chaque jour leur demander des vivres. — Formés à cette école, les domestiques de cette maison bénie sont aussi polis que bienveillants et empressés. Je dois tout spécialement me souvenir des actes de complaisance de la part de la famille du portier et du portier lui-même, qui s'est, un jour, dérangé pour aller me faire voir la grande voiture du Pape, celle qui, maintenant mise en réserve, était traînée par une vingtaine de chevaux, lorsque le Pontife-Roi traversait les rues de Rome pour visiter et pour bénir paternellement son peuple.

(2) Je suis heureux d'avoir fait, en particulier, la connaissance de l'excellent M. Rostan, prêtre, auteur du *Mois de Marie des Familles*, un ouvrage pieux, charmant, pratique, que je recommande d'autant plus vivement à mes lecteurs qu'il se vend au profit de la Société de Saint-Vincent-de-Paul, dont M. Rostan est le directeur à Antibes (Alpes-Maritimes).

(3) Nous avons aussi rencontré à Sainte-Marthe le collège des Jésuites de Monaco, venus à Rome pour offrir à Léon XIII une magnifique croix d'une valeur de douze mille francs. Le Saint-Père, en retour, leur a fait don du splendide bouquet que venaient de lui offrir les capucins comme témoignage de reconnaissance, le soir de la béatification du 12 février. Nous étions là quand le directeur du collège l'a triomphalement apporté à Sainte-Marthe. Tout le monde a pu le voir et le toucher. Que les Jésuites de Monaco étaient heureux !

Nous avons remarqué le costume fleuri, brillant, bariolé des femmes, qui ressemble assez à celui de nos Bethmalaises ariégeoises. Ils paraissaient heureux et fiers, comme vous le pensez bien, de se trouver dans Rome, à la veille de voir Celui qui est la gloire de leur pays.

D'après des informations prises directement à bonne source, le Saint-Père les a reçus avec effusion, leur a adressé un discours magnifique, leur a distribué un souvenir, une médaille, et leur a fait servir, à Sainte-Marthe, un grand repas dont il s'est lui-même occupé en détail.

Aussi, avec quel enthousiasme l'ont-ils acclamé à plusieurs reprises, avec quel bonheur lui ont-ils offert quelques-uns des produits de leur pays et lui ont-ils joué plusieurs sérénades, à l'exposition, dans les cours et au jardin !

Léon XIII.

Il n'appartient pas à tout le monde d'être artiste. Presque aucune photographie ne reproduit exactement les traits de Léon XIII, aucune du moins n'exprime l'intelligence, la bonté, la mansuétude, la majesté de cette auguste figure. Je suis donc heureux de laisser encore le pinceau à Mgr l'Evêque de Pamiers. Sa Grandeur va nous en faire le vrai portrait de main de maître. « Ses épaules courbées, dit Mgr Rougerie dans son Mandement, accusent moins le poids de ses soixante-dix-huit ans que le fardeau et la sollicitude de toutes les Eglises ; sa maigreur ascétique, son teint presque diaphane disent à tous les yeux que la principale nourriture de ce grand disciple de Jésus-Christ est de faire la volonté de Son Père qui est dans les cieux ; l'âme chez Léon XIII semble user l'enveloppe corporelle ;

rien n'égale l'intelligent éclat de son regard et la douce affabilité de sa voix, si ce n'est l'autorité de sa parole et la paternelle mansuétude de son visage ; esprit des mieux doués, servi par une énergie à toute épreuve, et par un incessant labeur, il est parvenu à ce degré de lucidité intellectuelle qui pénètre les recoins obscurs de la vérité, et qui mène sans efforts aux solutions justes et pratiques ; intimement familier avec la connaissance du cœur humain et avec les principes les plus élevés de la morale chrétienne, il dénoue d'une main facile et sûre et avec une irréprochable équité les questions les plus graves et les plus délicates, et là où l'erreur serait un péril pour la paix des peuples, il fait briller la vérité qui éclaire la situation et qui éloigne le péril. »

Le visage de Léon XIII est, en effet, l'expression de la bonté divine qui se reflète en lui, mais, par moments, il est d'une pâleur extrême, de la couleur de son habit, qui flotte sur ce pauvre corps. Seulement, ce qui l'illumine et le vivifie, ce sont ses yeux perçants, c'est la gracieuseté attirante de son aimable et affectueux sourire. Chez Léon XIII, il n'y a presque pas de corps, et quelqu'un avait raison de dire que Léon XIII est un esprit... S'il n'est pas un esprit, il en a du moins beaucoup, et il en donne chaque jour magnifiquement la preuve.

Ajouterons-nous un détail superflu sur son costume ordinaire ? Cela nous semble opportun pour satisfaire la curiosité de ceux qui ne l'ont point vu.

Tout est blanc chez le Pape, sauf les pantoufles qui sont rouges et ornées d'une croix d'or brodée en ronde bosse, sa calotte, sa soutane, sa petite pèlerine, sa ceinture, ses mitaines, tout est blanc.

Les Audiences.

Les premières audiences pontificales ressemblent assez à une vision. On est si peu habitué à ce spectacle, qu'on se demande, en voyant le Pape pour la première fois, si on n'est pas à l'heureux moment de la transfiguration décrite par l'Evangile et du petit nombre de ceux qui en jouirent. *Et transfiguratus est ante eos. Et resplenduit facies ejus sicut sol : vestimenta autem ejus facta sunt alba sicut nix.* (Math. 17. 2.) — L'illusion est permise parce que derrière le Pape on voit Jésus-Christ lui-même.

Comme je l'ai déjà dit, c'est le 4 février que le Saint-Père daigna recevoir en audience générale les 1,500 membres-pèlerins de la Société de Saint-Vincent-de-Paul, venus de toutes les contrées du monde. La réception eut lieu dans la vaste salle ducale. Grâce à la faveur que voulut bien me faire M. le comte Pagès, directeur général, en m'envoyant un billet d'entrée (1) — ce dont je le remercie du fond du cœur — je fus présent à cette magnifique séance. J'avais devant moi un vrai colosse, un breton à larges épaules, qui m'empêchait même de voir le trône pontifical où devait s'asseoir le Pape. S'il y avait eu par là quelque sycomore, ou quelque meuble en tenant lieu, j'aurais imité Zachée. *Quærebai videre Jesum quis esset : et non poterat præ turba,*

---

(1) Le billet était ainsi conçu :

« ANTICAMERA PONTIFICIA.

« Biglietto per l'ammissionne dei Rappresentanti le Conferenze di S. Vincenzo de Paoli all'Udienza, che Sua Santita si degnera loro dare nel giorno 4 febraio 1888 alle ore 12 meridiane.

« *Il maestro de camera di Sua Santita,*
« F. DELLA VOLPE.

« N. B. — 1° Questo biglieto e personale e dovrà esibersi ad ogni richiesta.
2° L'ingresso sara dal portone di bronzo, scala Regia e sala Regia. »

quia statura pusillus erat. A peu de choses près, la situation était la même. Nous étions debout, les uns sur les autres. On étouffait. Enfin le Pape arrive. Soudain, une immense acclamation, *en toutes langues,* (1) retentit : « *Avez-vous vu entrer le Pape ?* me dit avec bienveillance mon voisin de gauche, un américain de la Colombie, qui avait mis trente jours pour se rendre à Rome. Avez-vous vu le Pape ? — Non. — Aussitôt il me saisit à bras le corps, me hisse sur ses épaules : le voilà ! me dit-il, en m'y maintenant un bon peu. — Oh ! merci, merci ! lui répondis-je, maintenant, je l'ai vu, je suis heureux !

D'après l'*Osservatore Romano* du lendemain, le Saint-Père était entouré des grands personnages de sa cour, des éminentissimes cardinaux Sacconi, Ledochowski, Laurenzi, Melchers, Schiaffino, Ricci-Paracciani, Verga, Mazzella, Rampolla, Palloti, de S. E. Mgr Azarian, patriarche arménien de Constantinople et de plusieurs évêques. M. le comte Pagès, directeur général de la Société de Saint-Vincent-de-Paul, à Paris, a lu l'adresse suivante :

« Très Saint-Père,

« C'est une grande témérité de notre part que d'avoir osé demander la faveur d'une de ces audiences après lesquelles soupirent tant de pèlerins ; et pour nous enhardir à la solliciter, il n'a fallu rien moins que la paternelle bonté avec laquelle Votre Sainteté a daigné dès le commencement de son règne accueillir nos humbles hommages et encourager notre faiblesse.

« Il y a trente-trois ans, le Souverain-Pontife Pie IX daignait, comme Votre Sainteté aujourd'hui réunir les membres de la Société de Saint-Vincent-de-Paul venus à

(1) *Ex omni tribu, et linguâ, et populo, et natione.* (Apoc. 5. 9.)

Rome pour la proclamation solennelle du dogme de l'Immaculée Conception, et tous, en sortant de ce palais, où la voix du Vicaire de Jésus-Christ venait de les armer « Chevaliers de la Charité », prenaient Dieu à témoin de leur fidélité.

« N'était-ce pas trop pour notre faiblesse et pour les jours d'épreuve qu'allait traverser notre Société ? Non : car l'Eglise ne cessait de nous protéger et d'encourager notre persévérance. Les conférences se propageaient rapidement par l'action visible de la Providence divine et l'appui de notre saint patron : et lorsqu'on s'aperçut que notre Société avait cinquante années d'existence, elle était établie dans la chrétienté tout entière. C'est le moment qu'il plut à Votre Sainteté de choisir pour proclamer saint Vincent-de-Paul patron universel des Œuvres de charité qui procèdent de lui.

« A la même époque, Votre Sainteté daignait accorder audience aux conférences de Rome. « Comme saint Vincent-« de-Paul votre protecteur, leur disiez-vous, T. S. P., « soyez, vous aussi, de vrais apôtres de la charité en « faisant du bien à vos frères et en les ramenant dans le « chemin du salut par les voies de l'amour. Que le monde « à la lumière de vos exemples et de vos œuvres apprenne « à apprécier les mérites de la charité chrétienne ! »

« Et l'année suivante, dans une Encyclique mémorable, Votre Sainteté parlant du concours que les laïques doivent donner aux ministres de la Sainte Eglise pour la défense de la religion, la propagation de l'Evangile et le soulagement de la misère, daignait faire ainsi publiquement l'éloge de notre Société : « Les efforts de ses membres tendent « uniquement à se porter par une charitable initiative au « secours des pauvres et des malheureux, ce qu'ils font « avec une merveilleuse sagacité et une non moins admira-

« ble modestie. Mais plus cette Société cache le bien
« qu'elle opère, plus elle est apte à pratiquer la charité
« chrétienne et à soulager les misères des hommes. »

« Ce n'est pas sans confusion que nous avons entendu
Votre Sainteté faire ainsi l'éloge de nos faibles et modestes
efforts : Dieu nous préserve de nous en enorgueillir et de
nous laisser jamais oublier que la simplicité et l'humilité
de nos fondateurs ont été, avec la fidélité à leurs règles, la
source de toutes les grâces qu'il a plu à Dieu de répandre
sur notre Société et d'où découle aussi pour elle l'esprit
d'obéissance et d'inviolable attachement à ce siège apostolique.

  « Très Saint-Père,

« Chaque fois qu'il a plu aux Souverains Pontifes d'élever
la voix en notre faveur, notre Société a ressenti les
heureux effets de cette puissante intervention et leur
bénédiction nous a valu un accroissement de prospérité.
Daignez donc aujourd'hui encore encourager notre faiblesse.
Plus le nombre des conférences augmente, plus notre
responsabilité grandit, et plus aussi, nous aurons à rendre
compte devant Dieu de notre manque de zèle. C'est pour
renouveler leur ferveur que ces confrères accourus de toutes
les parties du monde ont voulu venir contempler le modèle
de la Constance, de la Persévérance, de la Force, de la
Justice et aussi de la Charité Evangélique : c'est de la
bouche du Vicaire de Jésus-Christ que nous aspirons à
voir descendre sur cette assemblée les paroles d'encouragement que nous irons reporter aux conférences dont
nous sommes ici les faibles interprètes.

« Que Dieu daigne assurer de longs jours à Votre
Sainteté pour le triomphe de son Eglise. Prosternés à vos
pieds, Très Saint-Père, nous supplions très humblement

Votre Sainteté de daigner nous accorder sa bénédiction apostolique. »

Le Saint-Père a répondu :

« Nous éprouvons, très chers fils, une vraie satisfaction en voyant aujourd'hui les conférences de Saint-Vincent-de-Paul si largement représentées devant Nous, et Nous agréons de tout cœur les sentiments qui les animent, les félicitations et les vœux que vous venez de nous exposer en leur nom.

« C'est aussi pour Nous une grande consolation de pouvoir, en cette solennelle circonstance de Notre Jubilé sacerdotal, adresser à votre pieuse Société une parole de louange et d'encouragement et de confirmer les éloges qui lui ont été, comme vous l'avez rappelé tout à l'heure, si souvent, et Nous ajouterons, si justement décernés.

« Nous savons combien vos conférences sont partout prospères, et dans cette prospérité nous aimons à voir un fait providentiel. A notre époque, en effet, plus peut-être qu'à aucune autre, la société qui est malade, sent le besoin d'être soulagée par les œuvres de charité. La charité c'est le caractère propre et distinctif des vrais disciples de Jésus-Christ. Aussi nos ennemis, dont le point de mire est aujourd'hui de déchristianiser les peuples, s'ingénient-ils de toutes façons pour altérer dans les esprits l'idée et le concept de cette vertu, et cherchent-ils avec un raffinement insidieux à substituer à la vraie charité chrétienne une charité fausse et mensongère.

« A une tentative aussi audacieuse et aussi funeste, il convient, très chers fils, il est indispensable que vous opposiez une résistance énergique en donnant à vos œuvres charitables une extension de plus en plus vaste, en usant d'une sainte industrie pour rendre leur action plus péné-

trante et plus persuasive, en étendant la salutaire influence
de la charité aux hommes de toutes les classes et en l'ap-
pliquant, comme le remède le plus efficace, à tous les maux,
à tous les besoins de la société. Et tout cela vous devez
le faire avec une confiance sans limite en la force divine de
cette vertu qui sait triompher des résistances les plus obs-
tinées et dompter les volontés les plus rebelles.

« Tel est, chers fils, le champ ouvert à votre activité et à
votre zèle. Vous y êtes entrés pleins d'enthousiasme et de
générosité, guidés par l'exemple, et sous les auspices de
l'apôtre de la charité, le grand saint Vincent-de-Paul.
Continuez à y déployer votre pieux dévoûment avec courage, sans crainte et sans respect humain, en même temps
qu'avec modestie et sans ostentation. Ainsi vous donnerez
au monde la démonstration de ce qui est et de ce que peut
le vrai esprit de Jésus-Christ au profit et pour le bonheur
de l'humanité.

« Cet esprit, vous ne l'ignorez pas, chers fils, ne conseille
pas seulement de venir en aide aux besoins physiques ni
de soulager les seules misères du corps ; la charité chrétienne vise plus haut : elle a pour terme et pour but final
le bien spirituel des âmes, leur félicité éternelle. Là est sa
note caractéristique, sa sublime mission : écoulement et
prolongation de la mission même du divin Rédempteur.

« C'est de cet esprit, Nous en avons la certitude, chers
fils, que vit et que s'inspire votre société ; c'est ce même
esprit de sainte et surnaturelle charité qui anime et fait
battre vos cœurs. Ayez soin de la conserver en vous dans
toute sa pureté, et efforcez-vous de la communiquer à ceux
qui vous entourent.

« La charité fera de vous et d'eux autant d'apôtres. Par
elle, vous rallumerez dans bien des âmes le flambeau de
la foi que le doute a obscurci ; par elle, vous réveillerez

l'espérance là où règne le désespoir et le découragement. Par la charité vous ferez revivre au sein des familles la vie chrétienne, la pratique des devoirs religieux, l'amour de la sainte Église, l'obéissance à ses lois, le respect de son autorité. Tels sont, chers fils, les précieux fruits de la charité chrétienne ; daigne le Dieu de toute bonté les bénir et les multiplier entre vos mains, en vous fortifiant dans vos pieux et pénibles travaux.

« En attendant et comme gage de ces faveurs célestes, Nous vous accordons à tous ici présents et Nous envoyons à toutes les conférences qui vous ont délégués, ainsi qu'aux nombreuses familles pauvres assistées et secourues par elles Notre Bénédiction Apostolique. »

(Moniteur de Rome, 5 février 1888).

Les jours suivants, le Saint-Père reçut par groupes les mêmes membres de la société de Saint-Vincent-de-Paul et d'autres pèlerins qui purent obtenir des cartes.

Le lendemain, en effet, à onze heures, grâce encore à la complaisance de M. le comte Pagès qui « m'adopta » parmi les membres de sa grande et chrétienne famille, parmi les favorisés de ce jour, je participai à l'audience particulière accordée par le Saint-Père. Cette fois, nous avons vu Léon XIII de très près, nous lui avons parlé, nous lui avons baisé les mains, et nous avons tous reçu de lui une belle médaille commémorative en argent, renfermée dans un écrin. Nous étions tous vivement émus. Plusieurs pleuraient de bonheur..... J'étais de ce nombre.....

La troisième audience à laquelle j'ai assisté eut lieu le jeudi 9 février, à 3 heures du soir. Elle était simultanément accordée, mais diocèse par diocèse, aux pèlerins de Rouen, Dijon et Carcassonne. C'est Monseigneur Billard lui-même qui daigna remettre à chacun de nous la carte d'audience avec cette simplicité charmante qui le distingue et le fait chérir de tous, prêtres et fidèles, dans son cher diocèse de Carcassonne (1).

Nous devons à Sa Grandeur, ainsi qu'à son digne et excellent secrétaire, M. Guilhem, qui s'est aussi donné beaucoup de mal pour nous, de très respectueux et très sincères remerciements.

Par une intelligente disposition de Sa Grandeur, les prêtres ne furent point confondus avec les simples fidèles, le Saint-Père put juger ainsi de l'empressement que le clergé de Carcassonne avait mis à se rendre à l'appel de son évêque. Il put aussi lui adresser des paroles, des encouragements, des bénédictions particulières.

Durant cette audience, qui fut on ne peut plus touchante, Mgr Billard présenta au Saint-Père le superbe fac-simile de la basilique de Prouille. Le Saint-Père l'examina attentivement, témoigna sa satisfaction et ordonna qu'elle fût placée dans la salle où se trouvent les dons des souverains.

Mgr Billard avait déjà remis à Léon XIII « une magnifique cassette dont les parois dorées et semées de brillants émaux, resplendissaient dans d'éblouissants reflets. » Ce coffret contenait 41,000 francs en or, et en le Lui remettant, Sa Grandeur a dit : *Beatissime Pater, aurum tanquam Regi Sanctitati Vestrœ offerunt filii obsequentissimi diœcesis Carcassonnensis.*

Après avoir délicieusement raconté ses propres émotions, Mgr l'Évêque de Carcassonne s'exprime ainsi dans sa ravissante *Lettre pastorale*, déjà citée : «... Tel nous apparut

---

(1) Ceux qui désirent faire le voyage de Rome se sentiront encouragés en apprenant qu'un vénérable membre de la société de Saint-Vincent-de-Paul, de Castelnaudary, âgé de 84 ans, est venu à Rome avec nous, a très bien supporté le voyage et s'en est retourné bien portant. Tout le monde l'en félicitait. Le Saint-Père lui a donné une bénédiction particulière.

Léon XIII, dit-il, en cette audience privée, dans le doux rayonnement d'une séduisante bonté, tel il se montra au pieux cortège de nos pèlerins. J'ose les prendre tous à témoin, et tous, prêtres et fidèles, vous diront qu'en voyant le Saint-Père arriver au milieu d'eux, ils eurent, ainsi que le dit le grand Apôtre, comme une mystérieuse vision de la bonté et de l'humanité de Notre-Seigneur Jésus-Christ : *Apparuit benignitas et humanitas Salvatoris Nostri Dei.*

« A tous, Léon XIII a ouvert son cœur : tous, les humbles et les petits aussi bien que les grands, ont vu s'approcher d'eux la plus Haute Majesté de cette terre, et leur permettre de baiser ses mains, en les arrosant de leurs larmes. Vous seuls pourriez dire, chers coopérateurs, avec quelle attention toute paternelle le Saint-Père vous laissa lui exposer avec la simplicité du langage de l'enfant qui parle à son père, vos tristesses et vos joies, et avec quelle tendresse il vous donna le conseil qui éclaire ou l'encouragement qui relève.

« Et vous fidèles privilégiés, pouvez-vous, même après plusieurs jours écoulés, retenir vos larmes, en vous rappelant avec quelle bienveillante condescendance le Pape se penchant vers vous a consenti à recueillir la confidence de vos affaires les plus intimes ? Était-ce, époux chrétiens, l'expression du désir de voir des enfants illuminer, comme d'un chaud rayon de soleil, votre foyer trop solitaire, que vous faisiez arriver à son cœur ? Était-ce, pères et mères, une bénédiction spéciale que vous sollicitiez pour vos jeunes gens arrivés à l'heure critique de la vie ? Était-ce la conversion d'une âme tendrement aimée que vous recommandiez à sa sollicitude ? Était-ce une vocation religieuse dont vous laissiez la décision à ses lumières ? Tous vous avez parlé au Saint-Père avec un filial épanchement, et à vous tous, nous le répétons, il a donné la réponse dont vous aviez besoin ; aussi, eussiez-vous à parcourir ici-bas la plus longue carrière, toujours cette réponse restera gravée au fond de votre âme à l'abri de l'oubli, comme un allégement dans vos peines, comme un parfum dans vos joies. Proclamez-le donc partout, N. T. C. F., vous en avez le droit, le Pape, Léon XIII s'est montré à vous *comme une vision de la bénignité et de l'humanité de Jésus-Christ*: et à qui désormais vous demandera le secret de la popularité universelle dont jouit ce grand Pontife, vous pourrez répondre, en empruntant une parole restée célèbre : *C'est la bonté qui rend Dieu populaire*, et si Léon XIII obtient l'amour de tous les enfants de l'Église, c'est que la bonté tempère en lui la hauteur du génie, la fermeté du caractère et la majesté du rang. »

Personne ne contredira ces nobles et magnifiques paroles.

Oui, Monseigneur, tout cela nous l'avons vu, tout cela nous l'avons éprouvé, tout cela, avec le souvenir de votre excessive bonté, restera profondément gravé dans notre cœur, — car c'est à vous que nous le devons.

Le meilleur souvenir que nous avons emporté de Rome, c'est le souvenir de la douceur, de la patience, de la charité de Léon XIII » (1).

La Loggia.

Le dimanche 12 février, nous assistâmes à la béatification du pauvre frère capucin, Félix de Nicosie, dans la vaste et brillante salle de la *Loggia*, dont la dorure seule a coûté, dit-on, plus de cinq cent mille francs à Léon XIII. Pendant

____

(1) On est à se demander comment Léon XIII peut résister à tant de fatigue.

la cérémonie du matin et durant peut-être tout le jour, des milliers de lustres, des milliers et des milliers de lumières étaient allumés. Au fond, au-dessus de l'autel, une gloire immense, toute parsemée d'anges, projetait ses rayonnements d'or autour d'un grand tableau, ovale, voilé ; et, aussitôt le décret de béatification proclamé, le voile a disparu et a laissé voir le bienheureux au milieu des splendeurs du ciel. On s'y croyait d'autant mieux transporté que des voix célestes ont chanté la messe en musique et que jamais peut-être, on n'avait entendu un aussi beau chant. Tout concourait, à la vérité, à établir dans notre esprit ce délicieux, ce sublime rapprochement.

Le soir, à 3 heures, le Saint-Père, accompagné de toute sa cour, est venu vénérer les reliques du nouveau bienheureux. C'est là que nous avons eu l'insigne bonheur de le revoir pour la quatrième fois ! (1).

Te Deum laudamus.

Les Monuments.

Nous allons simplement énumérer, jour par jour, sans les décrire, les monuments que nous avons visités.

Le 2 février (2), j'ai vu Saint-Pierre, où je suis revenu

---

(1) Le billet d'admission à la cérémonie portait le sceau du postulateur général de l'ordre des frères mineurs capucins, et était ainsi conçu :

....

« *Potrà intervenire alla ceremonia della solenne beatificazione*
« *Domenica 12 febbraio 1888 alle ore 3 pom.*
« Il presente biglietto é personale e dovrà esibirsi ad ogni richiesta.
« Le signore in abito nero e velo in testa : i signori in franck e cravatta bianca.
« L'ingresso sarà dal portone di bronzo e per la scala Regia.
« Entrando nell'Aula gli uomini occuperanno l'ala destra, le signore la sinistra.

(2) Le 2 février est le premier jour que j'ai dit la messe à Saint-Pierre, à l'autel du Saint-Sacrement, où j'ai donné la communion à une multitude de pèlerins. La messe m'a été servie, ce jour-là, par M. Odend'hal, un vénérable membre de

un peu chaque jour, par intervalles ; Saint-Louis-des-Français, où tant de souvenirs rappellent notre bien-aimée patrie ; Sainte-Marie-Majeure, sur le mont Esquilin, une des plus belles basiliques de Rome, qui possède la crèche de Bethléem, le corps de saint Mathias, apôtre, et de saint Epaphras, compagnon de saint Paul, sous l'autel papal, et la Madone de saint Luc dans la chapelle Borghèse.

Le 3, journée consacrée à visiter l'exposition vaticane et à faire des commissions en ville.

Le 4, audience pontificale. Visité de nouveau l'exposition et le jardin du Vatican.

Le dimanche 5, après la deuxième audience pontificale, j'ai visité le Capitole avec la statue équestre en bronze de Marc-Aurèle, au milieu de la place ; *le Forum romanum ;* l'arc de Septime-Sévère ; la prison Mamertine dans laquelle saint Pierre et saint Paul furent enfermés pendant huit à neuf mois ; j'ai puisé de l'eau à la fontaine miraculeuse et me suis arrêté, un instant, pour prier, à l'église *San Pietro in Carcere*, qui se trouve au-dessus même de la prison, ainsi qu'aux églises environnantes ; l'*Ara-Cœli*, ainsi nommée probablement parce qu'il faut monter un escalier de 124 marches pour y aboutir. Ce temple de Marie a été doré avec l'or pris à l'ennemi à la bataille de Lépante. On vénère, à la sacristie, le tout gracieux *Santissimo Bambino*, emmailloté, dont les langes sont richement émaillés de pierreries et de diamants. C'est dans cette église qu'on fait prêcher les enfants à l'époque de la Noël.

Le 6, Saint-Jean-de-Latran, immense basilique, une des plus importantes de Rome ; le maître-autel contient la

la société de Saint-Vincent-de-Paul, de Paris, auquel j'envoie, avec de nouveaux remerciements, l'expression de mes meilleurs souvenirs.
Je ne parle pas du pont et du Fort Saint-Ange, que j'ai vus chaque jour.

table sur laquelle saint Pierre célébrait les saints mystères dans les catacombes ; autel de la chapelle du Saint-Sacrement tout resplendissant de pierres précieuses ; quantité de reliques ; baptistère où Constantin reçut le baptême ; les douze apôtres, magnifiques statues en marbre, etc. etc.; l'obélisque de la place ; *la Scala santa*, c'est l'escalier que monta N. S. J. C. pour arriver à la terrasse du palais de Pilate, d'où le gouverneur le présenta à la foule, en s'écriant : « *Ecce homo !* » Cet escalier, composé de 28 marches, que sainte Hélène fit transporter de Jérusalem, on ne le monte qu'à genoux. Au-dessus se trouve une chapelle qui renferme une grande quantité de reliques et à l'entrée de laquelle on a inscrit ces mots :

« *Non est in toto sanctior orbe locus.* »

La basilique Sainte-Croix de-Jérusalem (1), reliques de la vraie croix, de la croix du bon larron qui s'y trouve en grande partie, d'un clou de la vraie croix, du titre de la vraie croix, de la sainte épine ; enfin le doigt que saint Thomas mit dans le côté du Sauveur, etc.

Le Colisée, la plus belle, la plus imposante, la plus gigantesque ruine de Rome, vieil amphithéâtre qui contenait plus de cent mille spectateurs. On le visite avec frayeur et émotion. Des milliers de martyrs ont versé leur sang dans cette arène !...

Le même jour, j'ai encore visité Sainte-Françoise-Romaine. L'église s'élève sur la maison dorée de Néron et sur le temple de la Fortune et de Rome. On y vénère le corps de la sainte et on y remarque la pierre sur laquelle les genoux de saint Pierre en prière restèrent gravés, tandis que Simon le Magicien, qui voulait le confondre en préten-

---

(1) A côté de la basilique, se trouve une grande caserne et une immense esplanade où les soldats font l'exercice.

dant s'élever seul vers le ciel et y rester, se brisait les jambes et se tuait.

Saint-Laurent-Hors-les-Murs.

Le 7 février, à 10 heures, j'ai assisté, à Saint-Laurent-Hors-les-Murs, au service funèbre célébré en l'honneur de Pie IX (1). Nous avons visité dans le souterrain le tombeau si petit, si modeste, si obscur de ce grand pape; nous nous sommes inscrit sur le registre qui nous a été présenté et nous avons recueilli les inscriptions dont on entourera l'enceinte du lieu où se trouve le mausolée (2). Les voici :

(1) Nous y avons été convoqués en ces termes :
    Cattolici Romani !
« Fra le innumerevoli dimostrazioni di affetto e di Fede che da ogni parte del mondo popoli e governi tributano all'amato Pontefice Leone XIII per la ricorrenza del suo giubileo sacerdotale, serbiamo un giorno alla preghiera ed al lutto per la memoria dell' Immortale Pontefice Pio IX, della cui morte ricorre in questi giorni il decimo anniversario.

« E per questo, che il Comitato Romano per l'opera dei congressi catholici porge le più vive preghiere ai suoi concittadini, nonche alle numerose rapprezentanze qui convenute da ogni regione, perchè la mattina del prossimo martedi 7 corrente febbraio, anniversario della morte di quel grande Pontifice, si rechino numerosi nella Basilica di S. Lorenzo fuori le mura alle ore 10 ant. per ivi assistere ad una solenne Missa di *Requie* e pregare pace all'anima del defunto Pontefice a' piedi della sua tomba abbellita ed arricchita coll'obolo de' suoi figli.

« Li 4 febbraio 1888.
                « *Per il Comitato Regionale Ronano,*
                        « Duca Scipione Salvati.
                        « Comm. Giovanni Acquaderni.
                        « Cav. Guglielmo Alliata. »

(2) Nous avons aussi vénéré dans cette église le tombeau où sont réunis les corps de saint Etienne et de saint Laurent, lequel se trouve sous le maitre-autel. On vénère également dans cette église les reliques de saint Hippolyte avec sainte Concorde, sa nourrice, et 19 membres de sa famille ; des papes saint Zozime, saint Sixte III et saint Hilaire ; de saint Justin, prêtre et martyr, et de sainte Cyriaque, sur la propriété de laquelle saint Laurent fut martyrisé.

(IN IPSO MONUMENTO.)

OSSA . ET . CINERES

PII . PAPAE . IX

VIXIT . A . LXXXV . IN . PONTIF . A . XXXI . M . VII . D . XXII

ORATE . PRO . EO

(INFRA.)

RAPHAEL . MONACO . LA . VALETTA

IOANNES . SIMEONI . THEODVLPHVS . MERTEL

CARDINALES . HAEREDES

POSVERVNT . EX . TESTAMENTO

(CIRCUM IN ZOPHORIS.)

VIRTVTVM . SVARVM . SPLENDORE

APOSTOLICAM . SEDEM

ILLVSTRAVIT

VNIVERSAM . ECCLESIAM

AMORE . ET . ADMIRATIONE . SVI

IMPLEVIT

PRO . VERITATE . ET . IVSTITIA

INVICTO . SEMPER . ANIMO

CERTAVIT

MAGNIS . LABORIBVS

IN . CHRISTIANA . REPVBLICA . ADMINISTRANDA

EST . IN . EXEMPLVM . PERFVNCTVS

LEO XIII P. M.

(AD LATERA MONUMENTI.)

I

PIVS . IX . PONT . MAX

TESTAMENTO . IVSSIT

CORPVS . SVVM . IN . HAC . BASIL . CONDI

SVB . IPSO . ARCV

QVI . CONTRA . EST . LAPIDEM

SANGVINE . LAVRENTII

LEVITAE.SANCTISSIMI.INVICTI

CONSECRATVM

EA.MONVMENTI.LEGE

VT.PRO.INSIGNI.GENTILICIO

CALVARIA.EXSTARET

CVM.SCRIPTO.A.SE.TITVLO

IMPENSA.PRAEFINITA

AD.SCVTAT.NVMMOS.CCCC

II

GENTES.CATHOLICAE

MEMORIAM

PII.IX.PONT.MAX

HONORE.MERITO.ET.GRATIA

PROSECVTAE

LOCVM.SEPVLCRI.EIVS

OMNI.ARTE.EXCOLENDVM

COLLATIS.PECVNIIS

CVRAVERE

LEO.XIII.SVCCESSOR

PRAECONIIS.VIRTVTVM

INSCRIPTIS

AVGVSTIOREM.FECIT

OPVS.ABSOLVTVM.A.MDCCCXXXVIII

(CONTRA MONUMENTUM.)

I

PIVS IX P M

QVI.IOANNES.MARIA.MASTAI.FERRETI.COM

NATVS.EST.SENOGALLIAE.III.ID.MAI.A.MDCCXCII

A.MDCCCXIX.SACERDOS.FACTVS IV.POST.ANNIS

ADIVTOR.PERREXIT.LEG.APOST.AD.CHILIANOS

A.MDCCCXXVII.ARCHIEP.DATVS.SPOLETINIS

A.MDCCCXXXII.FOROCORNELIENSES.PROVECTVS

A.MDCCCXL.SACRA.PVRPVRA.OB.MER.ORNATVS

A . MDCCCXLVI . RENVNTIATVS . EST . PONT . MAX

   CLEMENTIA . ORSVS . NOVISQVE . INSTITVTIS . REX

IDEM . ET . PATER . A . MDCCCIIL . PROPTER . TVRBAS

PERDVELLIVM . EXSVLAVIT . CAIETAE

   INDE . POST . MENS . XVII . GLORIOSE . REDVX

ARTIBVS . ET . DOCTRINIS . VRBIBVS . ET . AGRIS

FELICITATI . PVBLICAE . IMPENSIVS . PROSPEXIT

PROVINCIAS . A . MDCCCLVII . INVISIT . BEAVIT

VAPORE . ET . ELECTRO . COMMERCIA . EXPLICVIT

DECORA . VBIQVE . ET . INCREMENTA . CONTVLIT

ROMAE . PERMAGNA

   PRINCIPATV . CIVILI . SIBI . INIQVE . DEMINVTO

OMNI . DEIN . ERECTO . HABVIT . DEFENSORES

SVBSIDIA . STIPIS . TESTIMONIA . AMORIS

E . CVNCTIS . GENTIBVS . INNVMERABILIA

   POST . VRBEM . VI . CAPTAM . ABSTINVIT . PVBLICO

IN . TVTELAM . AEQVE . SVI . ET . DIGNITATIS

AFFIRMAVITQVE . IVRA . ECCLESIAE . CONSTANTER

AD . DIEM . SVPR . VII . ID . FEBR . A . MDCCCLXXVIII

QVEM . SANCTE . OBIIT

II

PIVS . IX . P . M

PARENS . CHRISTIANI . NOMINIS . AN . MDCCCLIV

SOLEMNI . DECRETO . SANXIT . MARIAM . VIRG . D . N

CREDENDAM . AB . ORIGINE . IMMACVLATAM

   ANNO . MDCCCLXIX . TEMPORIBVS . DIFFICILLIMIS

CONCILIVM . VATIC . COEGIT . HABVIT . HABVIT . M . VIII

MEMORABILE . AB . EDICTO . DOGMATE . DE

MAGISTERIO . NVSQVAM . ERRANTE . ROM . PONT

   PROVIDENTIA . EIVS . ERRORES . MVLTIPLICES

IN . DOCTRINAM . CATH . VNO . ICTV . CONFIXI

FINES . RELIGIONIS . AMPLIFICATI . CONVENTA

CVM . PRINCIPIBVS . PACTA . SEDES . PLVRIMAE

EPISCOPALES . ORDINESQ . HIERARCHICI . CONSTITVTI

SEMINARIA . CLERICORVM . MVNIFICE . CONDÌTA
CVLTVS . AEDIVM . SACRAR . SPLENDIDE . AVCTVS
MIRE . PIETAS . EXCITATA
    SVMMA . OMNIVM . LAETITIA . CELEBRAVIT
SAECVLARIA . TRIVMPHI . PRINCIPVM APOSTOLORVM
ITEM . DIEM . ANNIVERS . L . INITI . SACERDOTII
INITI . EPISCOPATVS . ET . SINGVLARE . SOLEMNE
QVVM . ANNOS . B . PETRI . IN . SEDE . ROMANA
VNVS . AEQVAVIT . POST . ETIAM . PRAETERGRESSVS
    EIVS . CORPVS . III . ID . IVL . A . MDCCCLXXXI
E . BASILICA . VATIC . HVC . NOCTV . ILLATVM . EST
BONIS . PIE . COMITANTIBVS . NEFARIA . TVRBA
CONTVMELIIS . INSECTANTE . CVIVS . EX . ODIIS
NOMEN . PII . NONI . VENERABILVIS . EMERSIT
MANSVRVM . APVD . CATH . GENTES . PERPETVO

Vinc. Tarozzi Sac.

Œuvre du sépulcre de Pie IX.

Il s'est fondé à Bologne, via Mazzini, 94, une Commission qui a pour but, tout en conservant au tombeau de Pie IX la simplicité qu'il a prescrite par testament, d'élever tout autour un monument splendide, capable de témoigner aux siècles futurs de l'amour et de la vénération dont les catholiques entourèrent la mémoire de ce grand pape, martyr de la révolution.

« Le fond sera couvert d'une mosaïque byzantine parsemée de couronnes d'or et d'argent destinées à renfermer le nom et les armoiries des diocèses qui auront concouru, par leurs offrandes, à cette généreuse entreprise.

« En face de la vénérable sépulture, on a réservé entre les colonnes un espace pour les noms et les armes des bienfaiteurs qui concourent à son achèvement par une aumône généreuse. »

Pour avoir droit à ce privilège, la Commission a posé des conditions qu'elle fera connaître à ceux qui les demanderont.

Elle enverra même, sur demande, une chromolithographie reproduisant le monument, accompagnée d'un mémoire historique et explicatif.

Le président de la Commission est M. Jean Acquaderni.

Cimetière ou Campo Santo de Saint-Laurent-Hors-les-Murs.

En sortant de la cérémonie funèbre dont nous venons de parler, nous avons visité le vaste cimetière qui est à côté de la basilique. Nous y avons admiré une infinité de monuments en marbre dont la variété égalait la douloureuse splendeur (1). Nous sommes tombé par hasard sur le superbe monument des zouaves pontificaux, surmonté d'un saint Pierre en marbre armant un chevalier, avec ces deux inscriptions : *Accipe sanctum gladium munus a Deo in quo deiicies adversarios populi mei Israel.— Non in multitudine*

(1) Nous nous sommes tout particulièrement arrêté à ce monument : Une jeune mère est représentée dans son lit dormant son dernier sommeil, tandis que son enfant, impatienté de ne pas la voir se lever, s'approche doucement, soulève avec crainte le coin du drap de lit et regarde dormir sa mère. . sans oser la réveiller. (!!!)

Voici un petit échantillon d'inscriptions : Sur le tombeau de deux enfants nous avons lu ce qui suit : « *Angeli beati, pregate il buon Dio per i vostri genitori amaramente afflitti* »

Une mère a placé sur le tombeau de sa fille un médaillon renfermant ces émouvantes et chrétiennes paroles : « *Oh ! Virginia. come si sento sola ! Tu fosti la mia compagnia. l'unico scopo della mia vita. La tua morte tronco ogni speranza, rese deserta la casa que la tua vista rendeva sacra e cara ! Virginia. presso a Dio ove tu siedes prega per la mamma tua, che piange e ti chiama ad ogni instante.* »

exercitús victoria belli sed de cœlo fortitudo est. Mach. III, 9.

Au-dessous, sur les panneaux en marbre du monument, on a gravé le nom des principaux « martyrs de Castelfidardo ». Les Français y sont en grand nombre. Victor-Emmanuel fit mettre sur le piédestal la protestation suivante, qui s'y trouve encore et que l'histoire a déjà jugée :

« *Questo monumento che il governo theocratico ergeva a ricordo di mercenari stranieri Roma redenta lascia ai posteri testimonio perenne di tempi calamitosi. 24 ottobre 1871. S. P. Q. R.* » (1).

Loin d'être une flétrissure, cette inscription rehausse la gloire des valeureux champions de l'Eglise, de nos héros.

Saint-Paul-Hors-les-Murs. — Saint-Paul-Trois-Fontaines.

Le 8 février, dans la matinée, j'ai visité Sainte-Marie-de-la-Minerve, à la place de ce nom.

Dans l'après-midi, j'ai pris sur la place Saint-Pierre l'omnibus à 0 fr. 10 qui va sur la *piazza Montanara* et qui correspond avec le tramsway de Saint-Paul-Hors-les-Murs, lequel franchit la porte *San Paolo*, à côté de la pyramide ou tombeau de Caïus Cestius. Après plusieurs transbordements sur la voie ferrée, nous sommes arrivés à la basilique de Saint-Paul, reconstruite par Pie IX. Elle est splendide. Pavé en marbre poli comme une glace. Quatre-vingts colonnes en granit du Simplon. Galeries de médaillons

(1) En voici la traduction : *Ce monument que le gouvernement théocratique avait élevé en mémoire de mercenaires étrangers, Rome rachetée le laisse à la postérité comme témoignage éternel de temps calamiteux. 24 octobre 1871. S. P. Q. R. ».*

représentant tous les papes. Tombeau de saint Paul et de Timothée. Crucifix miraculeux, etc., etc.

Je suis seul parti de là, à pied, à 3 heures du soir, à travers la campagne romaine, qui n'est, de ce côté, ni bien peuplée, ni bien riante. Quelques rares troupeaux, quelques auberges avec une madone sur la porte, et c'est tout. Pourtant le sol est bon, la terre est noire, mais un peu trop marécageuse. Enfin, après avoir cheminé environ quatre kilomètres sur la voie Laurentine, je suis arrivé au monastère de Saint-Paul-Trois-Fontaines, qu'on appelle aussi eaux Salviennes, *aquæ Salviæ* (1), situé dans un bas-fond marécageux, au milieu d'un massif d'eucalyptus, dont la couleur verte cendrée donne au pays un aspect à la fois monotone, triste, mais cependant agréable (2). J'ai rencontré là des séminaristes romains habillés de rouge. Il a fallu leur parler latin pour se faire comprendre. Ma première visite a été à la chapelle où l'Apôtre des nations subit le martyre. Là, en effet, se trouvent la colonne sur laquelle il fut décapité et les trois fontaines miraculeuses qui jaillirent lorsque la tête rebondit par trois fois sur le sol (3).

Je suis ensuite monté à l'église de *Santa-Maria-Scala-Cœli* (échelle du ciel), qui est tout près. Nous y avons admiré le gentil petit tableau rappelant la vision de l'échelle miraculeuse que saint Bernard eut en ce lieu.

D'après une inscription, les catacombes de cette église renferment les corps de dix mille deux cent trois martyrs à la tête desquels était le tribun Zénon.

A côté de cette église, se trouve aussi celle de Saint-Vincent et Saint-Anastase.

---

(1) Ainsi appelé parce que c'était la propriété de la famille Salvia.
(2) En été, il doit faire bon sous ces ombrages.
(3) J'ai aussi emporté de cette eau.

Plusieurs fois, le monastère avait été abandonné. On l'avait surnommé le *Tombeau* parce que la terrible *Mal'aria* y décimait la population. C'était une terre,... une mère maudite qui tuait ses enfants.

Mais des religieux français se sont offerts, victimes du travail et de la patience. Encouragés par Pie IX et par Léon XIII, ils ont laborieusement travaillé, fait des améliorations, et, grâce à l'eucalyptus qu'ils ont planté en masse, ils ont triomphé de ce terrible fléau qui désolait ces contrées. Le découragement ne les a jamais arrêtés. La fièvre a eu beau faire rage, frapper et tuer sans pitié, ils ont bravé la mort. Peu à peu, la fièvre a constamment diminué. Aujourd'hui l'épreuve est faite. Ils peuvent y séjourner sans danger. Émerveillé de ce résultat, le gouvernement italien les protège (1). Il leur a abandonné des terres sans fin à assainir au moyen de l'eucalyptus. Au surplus, ces braves religieux, que j'ai été, pour mon humble part, heureux d'encourager et de féliciter, font, avec cette précieuse plante, une liqueur qui peut rivaliser avec la chartreuse. Bravo !

Ce délicieux élixir est *hygiénique*, *fébrifuge* et *antiseptique*. On le recommande en ces termes :

Necessitas loci peperit. — Orsinius industria perfecit.— Successus feliciter coronavit. — Febris effugit, sanitas rediit. — Experientia Judex erit, Favente Publico.

Encore une fois, bravo à ces héroïques trappistes qui ont pour devise : *In ipsis laboro certando !*

______

(1) Il paraît même que le gouvernement leur envoie des forçats pour les aider dans cette pénible et dangereuse entreprise d'assainissement. Charmante compagnie, n'est-ce pas ?... Ces infatigables pères ne mangent jamais de viande, et leurs aliments sont toujours apprêtés au sel et à l'eau.

Suite de la visite des monuments (1).

Le 9 février, audience pontificale. Repos.

Le 10 février, matinée consacrée à visiter la Coupole. Dans l'après-midi, je me suis dirigé le long du Tibre, par la *via Ripetta*, du côté de la place du Peuple (*piazza del Popolo*). J'ai visité l'église Sainte-Marie-du-Peuple, une des plus riches de Rome, sur l'emplacement qu'occupait le tombeau de Néron. Au-dessus de l'image de la sainte Vierge, on a placé cette inscription : *Tu honorificientia populi nostri.* Vous êtes l'honneur de notre peuple. J'ai admiré, en sortant, l'obélisque de la place dont le piédestal est flanqué de quatre lions de la gueule desquels sortent quatre jets d'eau ; puis, de magnifiques bassins au pied d'un groupe en marbre blanc où l'on remarque une louve nourrissant Romulus et Rémus et d'où s'échappe une eau abondante qui retombe avec un bruit agréable dans plusieurs bassins superposés. L'entrée du Pincio, — une promenade délicieuse, un point de vue charmant qui embrasse toute la ville et s'étend bien loin dans la campagne, un lieu fréquenté par les grandes familles qui s'y rendent en voiture, — est au coin de la place du Peuple. En descendant, j'ai visité la Trinité-des-Monts, un couvent français. Je suis rentré par la place d'Espagne, le Corso et la place de Venise.

Le samedi 11 février, dans la matinée, nous avons visité le quartier du Mont-Aventin. Sainte-Marie-in-Trastevere. Sainte-Cécile, magnifique église. La sainte est représentée en marbre telle qu'on la découvrit dans son cercueil. Vu

(1) On a parfaitement compris, sans doute, que nous faisions isolément et librement la visite des églises, n'étant pas tous réunis dans le même hôtel. Quelquefois seulement, nous étions deux ; mais bien souvent j'étais seul. C'est souvent préférable, *parce qu'on est plus libre pour prendre des notes.*

la salle des bains, le lieu où sainte Cécile fut martyrisée, la place du foyer, de la chaudière, les restes de tuyaux de plomb qui servaient à conduire dans cette chambre la vapeur homicide. Sainte-Marie-in-Capitelli, hospice dirigé par les sœurs françaises de Saint-Vincent-de-Paul. Enclos très agréable. Santa-Maria *dell'Orto*, petite église, merveilleusement belle et intéressante. Passé le pont et l'île Saint-Barthélemy, visité l'église de ce nom. Sainte-Marie-in-Cosmédin, sur un ancien temple de Cérès et de Proserpine. Sainte-Anastasie, église superbe avec ses splendides draperies bleues et blanches, autour du sanctuaire. Pavé poli comme une glace. Temple de Vesta, sur le bord du Tibre. Arc de Janus Quadrifonts (magnifique). Saint-Georges-in-Velabro, et., etc.

Sainte-Sabine. — L'oranger de saint Dominique.

Le même jour, nous avons visité l'église Sainte-Sabine, pleine de souvenirs, de reliques, de monuments, etc., etc. Nous y avons surtout remarqué, en entrant, une grande porte latérale en bois sculpté où l'on a reproduit des personnages et des scènes historiques. Tombeau des S. S. Alexandre, Eventius, Théodule, Sabine et Sérapie, sous le maître-autel. Nous avons visité la chambre de saint Dominique, à l'entrée de laquelle on lit cette inscription :

« *Attende, advena, hic olim sanctissimi viri Dominicus, Franciscus, Angelus carmelita, in divinis colloquiis vigiles pernoctarunt.* » La chambre de saint Pie V, où l'on vénère des reliques insignes. On lit sur la porte d'entrée :

Cubiculum S. Pii V P. Maximi.

En sortant, le R. P. dominicain qui nous conduisait ouvrit deux volets donnant sur le jardin et nous montra l'oranger planté par saint Dominique.

Voici, au sujet de cet oranger, ce que nous avons recueilli dans les lettres de saint François-de-Sales :

« *J'ai vu*, dit-il, *un arbre planté par le bienheureux saint Dominique à Rome ; chacun le va voir et chérir pour l'amour du planteur : c'est pourquoi ayant vu en vous l'arbre du désir de sainteté que Notre-Seigneur a planté en votre âme, je le chéris tendrement, et prends plaisir à le considérer… je vous exhorte d'en faire de même et de dire avec moi : Dieu vous croisse, ô bel arbre planté ! divine semence céleste, Dieu vous veuille faire produire votre fruit à maturité.* »

Saint François-de-Sales à sainte Chantal.
Première lettre.

Saint-Alexis.

Le même jour encore, sortant de Sainte-Sabine, nous avons visité l'église Saint-Alexis, à proximité de cette dernière. Qui ne connaît la curieuse et émouvante légende de ce grand saint ? Nous avons donc visité son église, qui a été construite sur le palais même de son père. Nous avons vu l'escalier sous lequel il vécut 17 ans. Sous l'escalier, une statue en marbre représente le saint couché sur la paille, couvert de haillons, tenant d'une main un crucifix et de l'autre un billet. A quelques pas de là, est un puits où saint Alexis allait se désaltérer. Sous l'autel, reposent les corps de saint Alexis, de saint Boniface et de sainte Aglaé.

Dans la soirée, la pluie nous a empêché de continuer nos courses. C'est le seul mauvais temps momentané que nous ayons eu, car, durant ces onze jours, nous avons eu un temps splendide.

Malgré l'averse, je suis revenu du côté de la place Navone

pour faire des commissions. Ne trouvant pas le magasin, je me suis adressé à une bonne vieille femme qui a voulu absolument m'accompagner et faire un long trajet pour me conduire, sans désir de récompense. Je lui ai offert quelque chose ; elle n'a rien voulu. C'était pourtant une italienne. On rencontre de bonnes âmes partout. Que Dieu en soit béni ! L'Évangile parle d'un verre d'eau donné à un pauvre comme d'une belle action. Je cite l'exemple de cette bonne femme parce qu'il prouve que, pauvre et petit selon le monde, on peut être grand par le cœur.

Le dimanche 12 février. — Assisté à la cérémonie de la béatification, le matin et le soir. Le reste de la journée a été employé à préparer le départ pour le lendemain.

Observations générales.

Nous l'avons déjà dit, nous n'avons pas eu la prétention de décrire les quelques églises et les quelques monuments que nous avons vus *à la hâte*. Il faudrait un livre pour chaque église et pour chaque monument. On dit qu'il y a à Rome plus de quatre cents églises. Jugez de la besogne. Nous n'en avons pas même vu le quart. Disons seulement qu'elles sont toutes on ne peut plus belles, avec leurs innombrables colonnes de marbre tout d'une seule pièce, leurs statues, leurs tableaux, leurs fresques, leurs voûtes élevées, toutes resplendissantes d'or, leurs coupoles, leurs baldaquins, leurs inscriptions, leurs tombeaux, leurs souvenirs, leurs pierreries, leurs trésors, etc., etc.

— Une seule chose regrettable, sous un certain point de vue, surtout en ce moment, à notre très humble avis, c'est que plusieurs de ces églises soient fermées à partir de midi.

Itinéraire pour le Retour.

Le lundi 13 février.

Départ de Rome, à 9 h. 20 matin.

Arrivée à Pise, à 5 h. 30 soir.

Le 14 février.

Départ de Pise, à 11 h. 25 matin.

Arrivée à Vintimille, à 11 h. 05 soir.

(Heure italienne).

Départ de Vintimille, à 10 h. 56 soir.

(Heure française.)

Le 15 février.

Arrivée à Marseille, à 7 h. 53 matin.

Départ de Marseille (par Arles), à 11 h. matin.

Arrivée à Cette, à 5 h. 17 soir.

Départ de Cette, à 5 h. 45 soir.

Arrivée à Carcassonne, à 9 h. 35 soir.

(A Toulouse), à 11 h. 34.

Adieux. — Regrets. — Au Revoir !

Ainsi donc il faut partir. Ces onze jours sont passés comme un rêve, comme un éclair, comme onze secondes. Le temps est court, à Rome. Comme on s'y sent chez soi, comme on s'y trouve bien, comme on oublie vite qu'on vient d'ailleurs et comme on voudrait y rester toujours !

Comme tout paraît petit après avoir vu Rome !

O jours trois fois heureux, vous serez à jamais le charme de ma vie !

Dans ces heures tristes, dans ces heures sombres que la Providence nous envoie pour nous faire apprécier notre bonheur passé, mon esprit et mon cœur se porteront toujours vers vous !

Sur les tombeaux des saints martyrs dont nous avons baisé les reliques, nous apprendrons à aimer la souffrance, ou du moins à la supporter avec plus de résignation et de courage.

Tandis que nous étions au Colisée, ce passage des Saints-Livres nous est revenu à la mémoire :

Si coram hominibus tormenta passi sunt, spes illorum immortalitate plena est.

In paucis vexati, in multis bene disponentur : quoniam Deus tentavit eos, et invenit illos dignos se.

Tanquam aurum in fornace probavit illos, et quasi holocausti hostiam accepit illos, et in tempore erit respectus illorum.

Fulgebunt justi et tanquam scintillæ in arundineto discurrent.

Judicabunt nationes, et dominabuntur populis, et regnabit Dominus illorum in perpetuum.

Qui confidunt in illo, intelligent veritatem : et fideles in dilectione acquiescent illi : quoniam donum et pax est electis ejus. (Sap. III, 4.)

S'ils ont souffert des tourments devant les hommes, leur espérance est pleine d'immortalité.

Leur affliction a été relativement légère et leur récompense sera grande, parce que Dieu leur ayant envoyé des afflictions, il les a trouvés résignés et dignes de lui.

Il les a éprouvés comme on éprouve l'or dans la fournaise ; et il les a reçus comme des holocaustes agréables, et il ne les oubliera pas en son temps.

Les justes brilleront comme le soleil, ils étincelleront comme des feux qui courent au travers des roseaux desséchés.

Ils jugeront les nations, et ils domineront les peuples ; et ils règneront éternellement avec Dieu.

Ceux-là seuls, qui ont confiance en lui, comprendront la vérité ; fidèles dans son amour, ils demeureront avec lui. Dieu ne réserve cette gloire et cette paix qu'aux élus. (Sagesse, III, 4.)

Au revoir, O Rome de mon cœur ! O Rome, capitale du monde catholique ! O Rome, siège de Pierre !

Hymne à Léon XIII.

Nous sommes heureux de pouvoir mettre sous les yeux de nos lecteurs la traduction en prose de l'hymne italien qui est affiché sur tous les monuments de Rome, depuis le 1er janvier :

Entonne ô Rome, le plus haut chant
Que l'Italie répercute sur chaque rive
Auquel tout l'univers en ce moment répond
Et qui est exalté par la mer et les monts.
Voici vraiment le jour où la gloire de Léon
Est chantée à l'envie par les hommes et les anges.
Il y a cinquante ans que chaque jour à l'autel
Il immole et fait couler le sang de l'Agneau.
Entonne, ô Rome, ce chant qui s'en ira
      Résonner d'âge en âge.

C'est auprès de l'autel qu'il grandit pour le trône
De vertu, de savoir. Il est le grand monarque.
Et lorsque de saint Pierre il doit conduire la barque,
Il accepte, tremblant d'une sainte terreur,
Les périls, les luttes, les veilles,
Les angoisses pénibles, les anxiétés cruelles
Entourent le pouvoir que lui confie le Ciel

Et remplissent son âme de salutaire crainte.
Mais du Ciel vient aussi le courage et la force
Qui l'élèvera, l'exaltera et le soutiendra.

Sa belle âme, du Lion possède la puissance.
De l'aigle il a le vol, dans son intelligence ;
Et possédant du bœuf le calme si prudent,
Il agit, il scrute, il est inébranlable.
Il est sur cétte terre la plus vivante image
De l'homme qui du Ciel possède les vertus.
D'une lumière divine, il est tout revêtu,
Par le triple rayon dont son front se couronne,
Il répand au loin les trésors de la vérité,
Il étend en tous lieux le règne de la foi.

En tournant son regard sur le monde agité,
Où le cri de guerre partout se fait entendre :
« Oh ! soyez en paix, dit-il de sa voix suprême,
« C'est la paix que mon cœur vous désire,
« Ayez-là cette paix dans le verbe de Dieu,
« Cette paix, ayez-là dans le sein de l'Église. »
O prodige, sa voix fut entendue,
Et, parmi les puissants, elle fut toute-puissante.
Il fut plus fort que la force
Et sauva l'honneur de la justice.

Réjouis-toi, ô Père ! A notre plus haut chant,
Notre pays ému et tout entier répond.
Premier honneur des italiques rives,
Que personne ne te touche, je te veux avec moi.
L'univers nous envie ta présence si chère.
J'y consens, mais je veux
Que le trône de Pierre sur son sol périlleux,
Où tu sièges si bien, soit toujours libre en toi.
Entonne, ô Rome, ce chant qui s'en ira
    Résonnant d'âge en âge.

N. B. — Aucun de nos lecteurs n'ignore qu'une traduction est toujours inférieure au texte. La magnifique pièce de vers dont il s'agit, qui a remporté le premier prix dans un concours ouvert à l'occasion du Jubilé sacerdotal de Léon XIII, est, nous a-t-on dit, très difficile à traduire. Nous avons voulu néanmoins la faire connaître comme un souvenir de cet heureux événement. Nous en avons nous-même copié le texte italien sur une des colonnes du portique de Saint-Pierre.

Epilogue.

La veille même de mon départ pour Rome, je recevais d'un éminent confrère ariégeois (1) une magnifique brochure (*l'Europe et le Pape*) qui a valu à l'auteur de hautes et nombreuses approbations.

J'étais sous l'heureuse impression de cette lecture, lorsque je me suis mis en route.

C'est surtout à Rome que j'ai eu sous les yeux la preuve sensible, palpable, évidente, de tout ce qu'on disait, dans ce livre, à la gloire de la Papauté en général et de Léon XIII en particulier.

Rome ! ce sont les papes qui l'ont faite ce qu'elle est, une ville incomparablement riche en monuments sur lesquels le nom des pontifes est gravé.

Rome ! c'est Léon XIII, en ce moment-ci, qui en est le père et le bienfaiteur continuel, ainsi que le plus bel ornement !

Léon XIII est l'aiman de tous les cœurs qui attire au Vatican ces innombrables pèlerins de la terre entière !

Et ils n'y vont pas les mains vides !

(1) M. Doumenjou, curé de Saurat (Ariège).

Ils vont exprimer leur reconnaissance au grand pacificateur des peuples, qui leur a apporté, « *comme la colombe* « *de l'arche de Noé,* (1) *le rameau d'olivier,* » et, avec la paix, tous les biens dont elle est la source.

Ces félicitations, ces prières, ces témoignages de respect et d'amour, les fidèles du monde entier les ont accompagnés de dons et d'offrandes qui en rendent la manifestation plus éclatante, plus réelle plus manifeste, plus tangible.

L'Exposition Vaticane, — comme le disait naguère, autant que j'ai pu le comprendre, avec une éloquence incomparable, le même évêque italien, (2) — est un grand acte de foi.

Ces riches et innombrables témoignages ne s'adressent pas seulement à la personne de Léon XIII, quels que soient ses mérites.

Plus haut ! Plus haut !

Ils s'adressent surtout au Vicaire de Jésus-Christ, au successeur de Pierre, à Pierre lui-même vivant et agissant dans ses successeurs, et par lui et en lui, à JÉSUS-CHRIST.

C'est un spectacle fort beau, très consolant en ce moment-ci parce qu'il prouve que la foi n'est pas encore morte, que les persécutions et les injustices, loin de l'éteindre, ne font que la ranimer.

L'Eglise est d'ailleurs établie sur un fondement indes-

---

(1) « Dire tutto ciò, che ha fatto LEONE XIII nel suo pontificato, mentre per una parte sarebbe ricordare ciò, che tutti sanno, sarebbe per altra parte cosa da non finirla si presto. La storia registra ogni giorno i memorandi avvenimenti, e questi tutti possono riassumersi in una parola : *la pace.* All' ingresso del suo pontificato LEONE XIII a trovato la società, quasi in ogni luogo, turbata profondamente, specialmente nelle relazioni colla Chiesa. Egli ha portato, come la colomba dell'arca noetica, il ramo d'ulivo. » (Lettre pastorale de Mgr l'Evêque d'Amélia : « *Il Giubeleo Sacerdotale di* LEONE XIII. »

(2) Lettre pastorale de Mgr Eugène Clari, évêque d'Amelia, déjà cité : « *La Fede ed il Papa* ».

tructible. Les portes de l'enfer ne prévaudront point contre elle.

Benè fundata et supra firmam petram.

Magasins.

Parmi les magasins innombrables d'objets de piété qui se trouvent dans Rome, je recommande tout particulièrement à mes lecteurs ceux tenus par :

1° Frères Beretti, place de la Minerve, 67 ;

2° Mariano Saraceni, place Rusticucci, 2 et 3, au coin de la colonnade de Saint-Pierre ;

3° Gaudenzi, rue du Tor-Sanguinea, près la place Navone ;

Enfin, place Saint-Pierre, 37, les pèlerins peuvent se présenter chez M. François de Fédéricis, photographe de Sa Sainteté, qui le photographiera *gratis* et par groupes.

M. François de Fédéricis est aussi l'éditeur d'une magnifique publication (l'*Illustration Catholique*) que je recommande aux pèlerins.

Dans tous ces magasins on parle français.

TABLE

Foix, imp. Pomiès. 1041.

DU MÊME AUTEUR :